Was Menschen bewegt

Hoffnung

Was Menschen bewegt

Hoffnung

herausgegeben von Gabriele Hartlieb

KREUZ

www.kreuz-verlag.de

Umschlaggestaltung: Agentur R.M.E.
Eschlbeck/Hanel/Gober
Umschlagfoto: © plainpicture

Satz: de·te·pe, Aalen
Herstellung: CPI – Clausen & Bosse, Leck

Gedruckt auf umweltfreundlichem, chlorfrei gebleichtem Papier
Printed in Germany

ISBN 978-3-7831-3458-2

Inhalt

Weil in der Dunkelheit Neues wächst: **Hoffnung haben**

Hoffen heißt, sich anvertrauen: **Leben macht Sinn**

Im Zweifel: **Von guten Mächten wunderbar geborgen**

Leidenschaft für das Mögliche: **Bewegt von der Hoffnung**

Überrascht von Freude: **Wetten, dass es gut ausgeht!**

Weil in der Dunkelheit
Neues wächst:

Hoffnung haben!

Innenräume

Gerhard Engelsberger

Licht und Schatten spielen
mit Bögen und Fenstern
ihr Spiel.
Nichts bleibt.
Morgen schon steht die Sonne
höher oder tiefer.
Auch du bist morgen
ein anderer.

Wenn du den Weg nach innen gehst,
drei, vier oder sieben Stufen,
begegnen dir deine Schatten,
leuchtet Gott dir in die Seele,
öffnen sich Türen
und schließen sich Läden.

Geh behutsam, langsam.
Wer schnell geht,
überholt die Stille.

Gedulde dich.
Eines Tages stehst du
ganz im Licht.

Nacht – Ankunft des Neuen

Katharina Schridde

Woran merken wir, dass ein Neues entstehen will? Oder anders gefragt: Wann spüre ich, dass Neues werden will, dass Veränderung und Wandlung im eigenen Leben sich ankündigt?

Das, was da so gesprochen und geschrieben frühlingshaft und heiter klingt, was sich schnell abbilden will in knospendem Leben und leichtem Hauch, sieht in der erlebten Wirklichkeit oft ganz anders aus. Nicht heiter, hell und leicht, sondern dunkel, beengt und immer enger werdend, als würde nur noch Nacht sein können und alles Licht verschwunden von der Erde und aus dem eigenen Herzen.

Wandlung, Verwandlung, Geburt beginnt am Abend, in der Nacht, gerade da, wo es finsterer nicht mehr sein kann und das bisher Gekannte, Gewusste und Gültige sein Ende findet. …

Der neue Tag beginnt mit dem Abend. Nicht in der Mitte der Nacht, schon gar nicht mit dem Aufgang der Sonne, sondern wenn es dunkel wird. Wenn die Konturen verschwimmen, die bekannten Gesichter und Gestalten ihre festen Umrisse verlieren, das eigene Lebenskonzept sich auflöst und an den Grenzen unscharf wird. Wenn das Leben seinen gewohnten und erprobten Halt zu verlieren droht, dann beginnt die Zeit der Verunsicherung, der Krise zuweilen, sicher aber der Erwartung und der Hoffnung – denn zu sehen und zu wissen gibt es wenig in der Nacht.

Gewiss spüren die meisten Menschen, die heute in den Industrienationen leben, von dieser Abendfrage und Abendgefährdung nicht mehr viel. Wir schalten das Licht und den Fernseher an, die Arbeitszeiten reichen selbstverständlich bis weit in den Abend hinein, viele müssen oder wollen die Nacht zum Tag machen und anbrechende Dunkelheit ist lediglich eine Frage an die Energiekosten.

Und dennoch kennen und ahnen wir alle noch etwas vom Zauber des Abends und wissen, dass diese besondere Zeit eine besondere Gestimmtheit birgt: Ruhe ist verheißen und Schutz in der Gemeinschaft und im festen Haus – für den, der beides in seinem Leben hat und kennt. Wer allein ist und im Freien – sei es äußerlich oder allein und ausgesetzt in der eigenen Seelenlandschaft – der lernt die andere Seite des Abends und der einbrechenden Nacht kennen und zuweilen fürchten.

Die Natur, die Kräfte des Himmels und der Erde zeigen sich unverhohlen und aus unendlich ferner Erinnerung klingt etwas nach von den Geräuschen der wilden Tiere und Nachtgesichte, die abends munter werden.

In den Texten und Gebräuchen des Kirchenjahres klingt genau dieses Wissen um die Abendzeit noch deutlich auf, auch wenn die Christen und Christinnen zu einer kleinen Minderheit in der deutschen Bevölkerung geworden sind und die Kirchen nicht mehr im allgemeinen Bewusstsein als Orte der Zuflucht und der Befreiung verankert sind.

Abendzeit.

Suche nach Schutz und Geborgenheit, Hoffnung und nichts als Hoffnung, dass es doch einmal Tag werden möchte in dieser Welt und im eigenen Herzen.

Der gelebte Tag vergeht, gelebtes Leben fällt zurück in den Ursprung alles Lebens, der nächste Schritt, die neue Geburt längst nicht sichtbar.

Und je länger die dunklen Stunden, desto dringender der Schrei nach Licht, Leben nach Erlösung aus dieser Enge.

Wo bleibt deine Leidenschaft?
Bist du nicht mehr der eine von damals?
Huub Oosterhuis

Komm! Komm doch.

Komm doch, du Licht des Lebens, komm doch wieder, du verlorene Hoffnung, komm, du Antwort auf alle Fragen, die mich in der dichter werdenden Dunkelheit bedrängen, komm doch, du Gott, den ich vielleicht nur vom Hörensagen kenne, der aber der Letzte ist, der noch Rettung bringen kann.

Unter all der lieblichen und warmen Abendstimmung, die uns noch immer Gott sei Dank lieb und kostbar ist, ruft und sehnt sich die Seele nach dem, der Nacht bezwingt und die Angst und die Dunkelheit. Und der herausführt aus Krise und Verwirrung und ein neues Leben verheißt.

Und das Licht leuchtet in der Finsternis.
Die Bibel. Johannes 1

Die Dunkelheit ist auch ein heiliger Ort

Richard Rohr

Finsternis ist eine gute und Not wendende Lehrmeisterin. Man sollte sie nicht meiden, leugnen, vor ihr davonlaufen oder sie wegerklären. …

Es gibt eine Art Dunkel, in die wir durch unsere Dummheit, unsere eigene Sünde, unsere Selbstsucht oder durch die Aufblähung unseres kleinen Ichs geraten. Daraus müssen wir durch rücksichtslose Ehrlichkeit, offenes Bekenntnis, demütige Kapitulation, Vergebung und oft auch durch irgendeine Wiedergutmachung und Entschuldigung herauswachsen. Im alten Sprachgebrauch hätte man dies als Reue, Buße oder Selbstentäußerung bezeichnet. Jedenfalls geht es um eine ernsthafte Operation, und diese fühlt sich erst einmal wie Sterben an (zugleich aber auch wie eine ungeheure Befreiung). In solchen Situationen brauchen wir meist Hilfe von außen. Das 12-Schritte-Programm der Anonymen Alkoholiker scheint dafür sehr geeignet zu sein, auch für Nichtalkoholiker.

Doch es gibt auch eine andere Art von Finsternis, in die wir von Gott und seiner Gnade geführt werden und die sich aus der Natur des geistlichen Weges ergibt. In vielerlei Hinsicht ist hier der Sinnverlust sogar noch stärker, gelegentlich auch der Motivationsverlust, aus ihr auszubrechen. Zudem können Orientierung, Grenzen, Richtungen noch viel radikaler abhandenkommen. Das fühlt sich tatsächlich wie tiefste Finsternis an, weshalb die Heiligen dieses Lebensdunkel als die »dunkle Nacht« bezeichnet haben. Aber der Unterschied zur erstgenannten Form der Finsternis ist der, dass wir trotzdem spüren, in sie irgendwie mit einer Absicht hineingeführt worden zu sein. Wir wissen, dass wir uns in einem »Schwellenbereich« befinden, im Niemandsland, auf der Kippe – und wir müssen darin bleiben, bis wir zutiefst Wesentliches gelernt haben. Das fühlt sich alles andere als gut an und bringt Zweifel und »Dämonen« jeder Art mit sich. Aber es ist eine Finsternis, die von Gott kommt.

Indes können auch Finsternisse, in die hinein wir uns selber durch Unachtsamkeit und Sünde verlaufen, zum Dunkel Gottes werden. Es gibt eine »fruchtbare Finsternis« und eine »fruchtlose Finsternis«, was einzig davon abhängt, ob wir Gottes Wirken in ihr erkennen. Unsere Wunde kann zur heiligen Wunde werden oder einfach eine sinnlos blutende Wunde bleiben, mit einem Schorf, der niemals heilt. Nach biblischer Tradition meint Erlösung, Sünden zu überwinden, von ihnen befreit zu werden, und nicht, Sünden zu vermeiden. Dadurch wird Sünde zu einem Weg ins Heil.

In Zeiten der Finsternis hat man gewöhnlich das überwältigende Gefühl, nicht dazuzugehören, nicht dazuzupassen. Wer hat nicht schon solche Tage erlebt, an denen er das Gefühl hat, nichts auf der Welt könne einen trösten und alles Altgewohnte trage nicht länger? Man weiß dann auch nicht mehr, an wen man sich wenden könnte, der von diesem Schmerz befreit. Das ist die Situation, die uns eigentlich ins Gebet treiben sollte. Entweder finden wir dann Gott oder wir vergraben uns in der Tiefkühltruhe.

Wenn Letzteres geschieht, empfindet man gerade dann ein Widerstreben, mit hilfreichen Menschen oder mit solchen, denen man bisher vertraute, zu reden. Man macht dicht. Dazu kommt womöglich: Wir haben mit ansehen müssen, wie sich unsere Vaterfiguren allzu sehr dem Streben nach Karriere und Besitz, nach äußerem Erfolg verschrieben haben. Wir haben kein Vertrauen mehr aufbringen können, in ihnen Leitbilder für Spiritualität und Weisheit zu sehen. Wie sollten wir noch irgendeinem

Politiker, Priester oder Präsidenten trauen können? Sie haben gezeigt, dass sie keine glaubwürdigen Führer sind. Damit haben wir jedoch nur zur Hälfte Recht. Denn es gibt auch noch die ganz andere Hälfte.

Oft rebellieren wir gegen unseren eigenen inneren Priester, unseren eigenen inneren Propheten, der vielleicht den Weg für uns wüsste. Wir bevorzugen eher das Hocken im Dunkeln. Vielleicht muss es ja so sein. Normalerweise wird man in der Finsternis ratlos, geht sozusagen innerlich auf und ab. Dieses ständige Vor und Zurück auf ein und demselben Wegstück ist ein treffendes Bild dafür, wer man ist: Man möchte gar nicht allen Ernstes in irgendeine Richtung gehen, sondern kehrt dauernd wieder um, als suche man die Antwort dazwischen. Vielleicht brauchen wir diese Verwirrung, bevor wir auf dem Fundament des wahren Selbst Neues aufbauen können.

In dieser Ratlosigkeit kann man nicht beten und will es auch gar nicht. So lässt man die einzige innere Autorität verfallen, über die man vielleicht noch verfügt, oder die einzige Weisheit, der man vielleicht noch vertrauen würde. Man möchte dann nicht einmal Gott vertrauen; denn Gott könnte ja eine Antwort bereit haben und man müsste dann etwas tun. Aber man möchte doch gar nichts tun. Das Tragische, die Lähmung, das Selbstmitleid verfügen über eine ganz eigenartige Anziehungskraft.

Wenn man an diesen Punkt gelangt ist, fängt man gewöhnlich an, sich nach jemandem umzuschauen, dem man die Schuld dafür geben könnte. Der Unfug solcher Schuldzuweisung besteht darin, dass man sich davon freispricht, selbst das Problem zu lösen. Vorwürfe an andere bewirken in der Seele nichts Fruchtbares, sondern lassen den *Eustress* (den konstruktiven Stress), die Energie der schöpferischen Angst verpuffen. Das Mutigste, das man je zustande gebracht hat, könnte jedoch darin bestehen, dass man im *Eustress* bleibt und es sich versagt, Gutes und

Schlechtes, Licht und Dunkel in jeweils zwei getrennte Schubladen zu packen.

Wer dies jedoch nicht tut, bringt ungeheuren Mut auf, weshalb manche gesagt haben, Mut gehöre zu den Grundtugenden des Menschen. Das englische Wort für Mut, *courage*, kommt vom lateinischen *cor-agere*, »aus dem Herzen handeln«, und wir wissen heute, dass dies eine eigene Art von Intelligenz ist.

Wenn man einen starken Sinnverlust erlebt hat, kann es sehr schwierig sein, sich selbst wieder Mut zu machen; dann sollte Hilfe von außen willkommen sein. Man schaue in seiner Umgebung nach Anzeichen, dass das Leben für jemand anderen einen Sinn hat, und öffne sich, so gut es geht, für eine positive Ansteckung. Manchmal suche man einfach nach einem Lächeln. Ich selber habe Ermutigung erfahren, wenn Verkäuferinnen in einem Geschäft liebenswürdig waren oder wenn mir jemand bei der heiligen Messe einen herzlichen Friedensgruß gegeben hat; da hat mir jemand beim Friedensgruß in die Augen geschaut und seinen Friedenswunsch tatsächlich so gemeint, wie er ihn gesprochen hat, und ich bin als ein anderer an den Altar zurückgegangen. Daraus möchte ich schließen, dass uns die Kraft einer schlichten Zuneigung aus dem Gefühl der Sinnlosigkeit herauszuführen vermag. Das klingt vielleicht naiv und zu einfach, aber auch die kleinen Zeichen der Liebe sind eine starke heilende und umwandelnde Kraft und die besten Sinnstifter.

Doch in dunklen Zeiten sperren wir uns paradoxerweise gegen solche Zeichen und machen sie fast unmöglich, als sagten wir: »Ich beweise dir, dass auch das mir nicht helfen kann. Ich werde niemand an mich heranlassen.« Da ist eine geradezu dämonische Kraft am Werk. Das ist die wirkliche Dunkelheit finsterer Phasen. Aus eigener Kraft gibt es daraus kaum einen Ausweg. …

Zwei Seiten der Wahrheit

Ich traue nur solchen Menschen echte Aufbauarbeit zu, die schmerzlich den Verfall erfahren haben. Wenn jemand nie im Stande war, sich auf die dunkle Seite der eigenen Psyche und des Lebens einzulassen, hat er nicht das Recht, von Aufbau oder Wachstum zu reden. Man muss die dunkle Seite sehen, das dumpfe Gefühl im Magen erlebt haben und mit einem neuen Wissen »aus dem Bauch des Wals« hervorgekommen sein. Mit ahnungslosen Menschen oder solchen, die alles Dunkle verdrängen, kann man nicht viel anfangen. Wir brauchen Menschen, die das Dunkel er-lebt haben, die Probleme kennen und lebend wieder herausgekommen sind.

Ein Bündel von Problemen schleppt mit sich, wer nur kritisiert und mit den Fingern auf die dunklen Stellen da draußen zeigt. Das lässt weder die Gabe der Hoffnung noch positive Energie erkennen, sondern lähmt nur. Es war ein Zeichen der Reife, als in den 1960er Jahren während des Zweiten Vatikanischen Konzils die katholische Kirche sich selbst zu kritisieren vermochte. Oder: Eine intakte Familie kann, ja muss ihre schmutzige Wäsche selber waschen. Bei den Anonymen Alkoholikern heißt es: »Wir sind so krank wie unsere Geheimnisse.« Und wir sind so gesund, wie die Art unserer Kritik beschaffen ist …

Die Dunkelheit ist auch ein heiliger Ort. Ich vertraue darauf, dass der Gott, der uns in das gegenwärtige Dunkel hineingeführt hat, uns auch durch es hindurchführt. Unsere Zeit ist in der Phase einer Sinnfinsternis, die zweifellos die Möglichkeit und Chance zur Umwandlung, zu einem wesentlichen Aufbruch in sich birgt. Ein ganz bedeutsamer Wesenszug des biblischen Gottes lautet: Jahwe und sein Knecht Jesus sind die, die immer wieder »die

Toten lebendig machen und das, was nicht ist, ins Dasein rufen« (Römer 4,17, nach Deuteronomium 32,39).

Während materielle Güter abnehmen, wenn man sie gebraucht, nehmen spirituelle Güter durch Gebrauch zu. So sollten wir die in uns wohnende, immense spirituelle Kraft nutzen. Besonders aufregend ist, dass viele Kräfte derzeit außerhalb der verfassten Glaubensgemeinschaft entdeckt und gelebt werden, da Christen sie wohl zu sehr vernachlässigt haben. Ich glaube, für Gott sind hier Gruppenzugehörigkeiten nicht so wichtig. Auf jeden Fall bin ich sicher: Er ist am Werk. Wenn beispielsweise bei Seminaren wie *Ein Kurs in Wundern* (»Course in Miracles« – einem Kurs zum Selbststudium spiritueller Psychologie) oder bei den Anonymen Alkoholikern, bei Sozialarbeitern und Umweltschützern spirituelle Energien zum Zuge kommen, vermehren und verbreiten sie diese Energien, worüber ich mich nur freuen kann. Vielleicht hatte Jesus seine eigene Glaubensgemeinschaft im Auge, als er davor warnte, sein Talent vor lauter Angst zu vergraben (vgl. Lukas 19,21), statt mit ihm zu wuchern.

Die religiöse Weitsicht wird grundsätzlich von Hoffnung getragen. Jede Erfahrung der Gnade sagt uns, dass es in der Geschichte nicht allein um uns selbst geht. Ja, auch mein eigenes Leben dreht sich nicht nur um mich selbst. Die Geschichte insgesamt ist mehr als nur eine Menschheitsgeschichte; sie ist die große Geschichte Gottes, die Geschichte unseres Planeten, die Geschichte des Lebens und Sterbens Gottes in allem. Wer wollte allen Ernstes nicht daran Anteil haben?

Mit mir selbst im Frieden

Jörg Zink

Ich lebe mit mir selbst im Frieden.
Ich weiß jetzt besser, wer ich bin.
Ich muss meinen Wert nicht selbst schaffen.
Ich vertraue nicht auf meine Leistung.
Ich scheitere nicht an meinem Versagen.
Ich kann aufatmen und leben.

Wenn ich falle, fängt mich einer auf.
Wenn die Nacht vorbei ist, wird Tag sein.
Ich höre eine ferne Musik.
Ich höre, alles sei gut.
Gott ist in allem. Er ist alles auch in mir.

Es gibt dunkle Mächte, aber nichts bedroht mich.
Ich kann mit allen meinen Plänen scheitern,
aber ich bin getragen.
Ich kann schwach werden,
aber ich brauche nicht
auf den eigenen Füßen zu stehen.
Es kann mir alles genommen werden,
aber nichts brauche ich festzuhalten.
Ich kann mir kein reines Herz bewahren,
aber Gott misst mich nicht an meiner Unschuld,
sondern an meiner Liebe zu denen,
die gleich mir schuldig sind.

Ich weiß, wo mein Dasein seine Würde empfängt.
Deine leise Stimme, Gott, sagt es mir.

Mut zur Angst

Ingrid Riedel

Bewusst durch die Angst hindurchzugehen, darauf kommt es auch im Umgang mit den Krisen an, die eine sich globalisierende Welt mit allen damit verbundenen Konflikten mit sich bringt. Die Angst zu benennen verhindert, dass sie uns als etwas Unheimliches in den Rücken fällt, und gibt ihr ein Gesicht. So kann sie ihre warnende Funktion erfüllen und unsere Ressourcen zur Bewältigung der Situation freisetzen. Ebenso wichtig erscheint mir ein Zusammenrücken der Menschen in der Gefahr, zum Beispiel indem kompetente Menschen aufgesucht werden. Zur Angstbewältigung kann gehören, einander in der Gefahr Körperkontakt zu geben, einander anzufassen und anzusehen, so wie es zum Beispiel auch bei den Friedensdemonstrationen und Lichterketten geschieht. Es kommt darauf an, so miteinander zu reden, dass die Gefahr nicht verschleiert, aber auch nicht über ihre wirkliche Größe hinaus aufgebläht wird, so miteinander zu reden, dass man sich im gemeinsamen Hindurchgehen gegenseitig der Solidarität versichert und sie einander auch gibt.

Ein Ernstfall dieser Art, den viele Menschen selbst und mit ihren Freundinnen und Freunden durchlebt haben, waren die Tage und Wochen nach der Verstrahlung durch das Tschernobyl-Unglück, eine Zeit ungeheurer Verunsicherung und Erschütterung; es waren auch die Wochen des Irak-Kriegs, in denen vielen von uns zumute war, als würden mit der plötzlichen öffentlichen Bejahung von Gewalteinsätzen ungeheure Tabus gebrochen.

Im personalen Bereich sind solche Zeiten höchster Angst die Phasen persönlicher Katastrophen: das Scheitern einer wichtigen Lebensbeziehung, ein beruflicher Konfliktfall, der zur Entlassung führt, ein Teamkonflikt, in dem alle Vermittlungsversuche scheitern. Jeder Mensch hat mit gutem Grund Abwehrmechanismen und Abwehrstrategien gegen die Angst aufgebaut. Insbesondere haben wir auch eine gewisse Tendenz, Angst durch Rationalisierung abzuspalten, die uns oft über die kritischsten Momente hinweg rettet und vor allem Zeit gewinnen lässt, damit wir von der Angst nicht überwältigt werden.

Die Ratio einzusetzen ist zunächst immer wieder sinnvoll. Aber dauerhaft verdrängte Angst wirkt sich ungünstig aus, zum Beispiel in kontraphobischem Verhalten, bei dem alle Warnungen in den Wind geschlagen werden und nach vorne geprescht wird, um nur die eigene Angst nicht zu spüren. Wichtig wäre stattdessen, Angst zuzulassen, da sie uns auch mit unseren Gefühlen in Kontakt bringt, die wir zur Krisen-Bewältigung nach innen und nach außen brauchen. Und sie verdeutlicht uns die Werte, an denen wir wirklich hängen, für die wir letztlich eintreten. Angst kommt ja da auf, wo wichtige Lebenswerte in Gefahr geraten. Angst hat eine Warnfunktion, die uns aufruft, das Bedrohte zu verteidigen.

Es gilt, kreativ zu werden, neue Kompetenzen zu entwickeln. Not lehrt nicht nur beten, sondern auch handeln, Not lehrt Friedensarbeit. Wenn sich aber der bedrohte Wert nicht mehr verteidigen lässt, dann gilt es auch, eine bestimmte Aktion oder Vorgehensweise loszulassen, um sich vielleicht auf einen nächst höheren Wert zu besinnen. Ein indianisches Sprichwort lautet: »Wenn dein Pferd tot ist, steig ab.« Im Zweiten Weltkrieg war es zum Beispiel mehr wert, in einer provisorischen, aber bombengeschützten Umgebung zu sein, als auf jeden Fall im gefährdeten eigenen Haus zu verbleiben, das ja das Einzige war, das die Familie in einer bombenbedrohten Stadt noch festhielt. Deshalb sagte meine Mutter, als das Haus schließlich in Trümmern vor uns lag: »Die Sorge wären wir los.«

»Flüchten oder standhalten?«, das fragte der große Friedensforscher und Friedensaktivist Horst Eberhard Richter in seinem gleichnamigen Buch. Manchmal gilt es auch zu weichen bzw. von einem bestimmten Standpunkt, einer bestimmten Aktionsweise oder Vorstellung abzulassen und sie loszulassen, wenn sie sich als dysfunktional für eine Befriedigung erweisen. Eine andere Möglichkeit wäre, der Angst immer wieder – soweit das irgend geht – das Prinzip Hoffnung entgegenzuhalten, die oft gerade der zugelassenen Angst entspringen kann, einer »kundigen Unzufriedenheit« (Ernst Bloch), die uns anruft, uns jeweils ganz bewusst auf das Bessere hin zu entwerfen. Vielleicht gilt doch auch im Großen das Polaritätsprinzip des Lebens, das in der Psychologie des Unbewussten von C. G. Jung eine so große Rolle spielt: dass nämlich extreme Bewusstseinslagen und Verhältnisse auch polare Kräfte, Gegenkräfte auf den Plan rufen müssen. Sind solche Gegenkräfte nicht auch unter uns längst auf dem Plan? Können wir sie aber auch schon im Anfänglichen ernst nehmen, wenn sich nur erste Keime zeigen? Darauf käme es an.

Es gibt ja so manche, die bei näherem Zusehen doch ins Scheitern verliebter sind als in das Hoffen, die jedenfalls dem Scheitern die größere Chance einräumen als dem Gelingen. Dies ist für die Friedensarbeit nicht günstig. Es gilt vielmehr, geduldig das Hoffen zu erlernen, nicht bei dem stehen zu bleiben, was jetzt noch nicht, sondern was ab jetzt schon oder spätestens morgen gehen kann.

Was Not tut, ist, dass wir uns unseren Ängsten stellen. Dabei geht es auch um die Angst, hinter der die Liebe steht: die Angst, die uns bewusst macht, was wir lieben am Leben. Friedensarbeit hat nicht nur mit Moral zu tun, sondern vor allem mit der Liebe zum Leben, zu allem Lebendigen. Alles, was unsere Liebe zum Leben weckt, ist eine Voraussetzung für die Friedensarbeit, die der Erhaltung dieses Lebens dient. Und dazu gehört zum Beispiel auch der Duft der Orangenbäume in Israel, die genauso und gleichzeitig duften wie die in den Gebieten der Palästinenser. Sie zu lieben bedeutet, beide Völker zu lieben und ihnen zu wünschen, miteinander und füreinander ihre Orangenbäume ernten zu können. Es gab eine Zeit, da diese Orangenbäume beiden Völkern heilig waren.

Es ist mir wichtig, dass wir uns bewusst machen, dass Friedensarbeit nicht nur mit moralischen Kategorien zu tun und durchzuhalten ist, sondern auch mit Gefühlsqualitäten, wie denen der Liebe zu etwas, das wir in den bedrohten Gebieten und vor allem auch in unserer eigenen Mit- und Umwelt schützen und erhalten wollen. In diesem Zusammenhang wäre auch ein anderer Umgang mit Angst im politischen und publizistischen Bereich gefragt: Der Panikmache, wie wir sie so oft erleben – wobei oft diejenigen, die sie schüren, ihre manipulierende Macht über die Gemüter genießen und sich dann oft auch noch als die rettende Autorität hinstellen –, wäre eine gewisse Form von Gelassenheit entgegenzustellen. Eine solche Hoffnung hält zwar das Schlimmste für möglich, vertraut aber dennoch auf mögliche Lösungen, die zum Besten führen (Ernst Bloch). Gelassenheit beruht auf einem tiefen Vertrauen ins Leben. Vertrauen ins Leben aber ist letztlich eine religiöse Kategorie.

Gelassenheit als Ressource

Bisher habe ich Angst und Mut einander gegenübergestellt – Angst als Gegensatz zum Mut. Wie steht es nun aber mit der Gelassenheit, inwiefern gehört sie zu den inneren Voraussetzungen auch der Friedensarbeit?

»Gelassenheit sei eine anmutige Form des Selbstbewusstseins« – so sieht und so sagt es die Schriftstellerin Maria von Ebner-Eschenbach …

Gelassenheit ist dabei nicht etwas, das man vor sich herträgt wie einen Leuchter, das man sich anzieht wie eine Rüstung – Gelassenheit wäre vielmehr eine Form der Abrüstung, eine anmutige dazu, eine zivile Form des Selbstbewusstseins, die ohne Aufgeregtheit und ganz ohne Drohgebärden auskommt. Gelassenheit kommt ja aus einer gewissen Freiheit von Angst, gerade weil man mit der Angst vertraut ist, und steht aller Panikmache entgegen. So kann sie oft um sich herum eine angstfreie Atmosphäre verbreiten. Gelassenheit strahlt aus, so wie Panik ansteckt. Gelassenheit aber ist der Panik gewachsen, ist letztlich stärker als sie. So ist sie nicht nur eine anmutige, sondern auch eine anziehende Form des Selbstbewusstseins.

In diesem Zusammenhang erinnere ich mich an ein Gespräch mit einer Frau, die kürzlich von der ungewöhnlichen Anziehungskraft ihrer Großmutter auf andere Menschen erzählte:

> Ihre Großmutter, so die Enkelin, sei eine alte Jüdin gewesen, der nichts Menschliches fremd geblieben und der auch nichts in ihrem Leben erspart worden sei, doch habe sie eine so starke Ausstrahlung auf andere Menschen gehabt, dass sie überall, wo sie hinkam, rasch zum Mittelpunkt wurde, um den sich die Menschen scharten. Worauf beruhte diese Ausstrahlung? Es sei etwas von ihr ausgegangen, so die Enkelin, das einem das Gefühl gab, es sei in diesem Leben nichts zu fürchten.

Es sei nichts zu fürchten – ich war geradezu betroffen, als ich das hörte. Diese Überzeugung auszustrahlen durch seine ganze Haltung, sein ganzes Sein – und das bei einem jüdischen Schicksal im damaligen Hitler-Deutschland, das war kühn, das war innere Freiheit, das war Gelassenheit.

Diese Großmutter sagte nicht, dass es so sei, dass man nichts zu fürchten habe – sie wusste ganz gewiss um ihre Angst und um die reale Gefährdung damals –, aber ihre Haltung hatte dennoch eine Ausstrahlung, die denen, die mit ihr zusammensaßen, dieses Gefühl gab. War so etwas menschenmöglich? Wie stark spürte ich meine eigene Enge, meine Angstbereitschaft noch, gemessen an solcher inneren Weite? War sie überhaupt vorstellbar? Vorstellbar gewiss, auch wenn ich jene Großmutter nie kennengelernt habe, auch wenn sie von ihrer Enkelin gewiss auch idealisiert wurde, aber vorstellen kann ich mir einen solchen Menschen. Und allein diese Vorstellung weckt eine ziehende Sehnsucht in mir. So frei werden zu können! Das wäre Gelassenheit!

Ein anderes Beispiel ist der Brief einer Frau, die schreibt:

> »Da liege ich still allein, gewickelt in diese vielfachen schwarzen Tücher der Finsternis, Langeweile, Unfreiheit des Winters – und dabei klopft mein Herz von einer unbekannten, unbegreiflichen inneren Freude, wie wenn ich in strahlendem Sonnenschein über eine blühende Wiese gehen würde.«

Dieser Briefstelle sieht man nicht an, dass sie in einem Gefängnis, einem Internierungslager, geschrieben wurde, in dem man die Schreiberin schon seit drei Jahren festhielt, war sie doch eine Vorkämpferin des Pazifismus, zu einer Zeit, als Pazifismus noch als Vaterlandsverrat galt: im Ersten Weltkrieg. Der Brief stammt von Rosa Luxemburg. Die Langeweile, die Schikane, die Ungewissheit über die Zukunft können ihr in diesem Moment wie auch in vielen anderen Zeiten nichts anhaben. Da gibt es etwas in ihr, das sich darüber erhebt. Ihre besondere Gabe, sich zu freuen, verdankt sie ihrer intensiven Wahrnehmung, ihrer Konzentration auf das, was gute Gefühle auslösen kann. In einem anderen Brief sind es die Düfte des Sommers, das Rascheln der Blätter, die Vogelrufe, die sie selbst im Lager erreichen. Vielmehr aber ist es ihre Überzeugung, für eine größere Sache, als sie selbst als Person es wäre, einzustehen und inhaftiert zu sein: für den Frieden. Dieses Wissen ermöglicht ihr auch unter diesen quälenden Umständen eine starke Sinnerfahrung und damit die Fähigkeit, Ängste und Leiden an sich abprallen zu lassen. So schreibt sie: »Ich glaube, das Geheimnis ist nichts anderes als das Leben selbst.«

Sich mit Menschen, Dingen, Zusammenhängen zu beschäftigen, die über uns hinausweisen, wie es der mögliche Friede unter den Menschen ist, durchbricht den Kreislauf der dunklen Gedanken und Gefühle, der Resignation. Ein so erfüllter Mensch wie Rosa Luxemburg kann dann auch sich selbst und seine Lage überwachsen und ganz aufgehen in dem, was er tut und empfindet, in dem wichtigsten aller Hochgefühle: am Leben selbst teilzuhaben, fürs Leben selbst einzustehen. Das und nichts anderes ist das Geheimnis des Glücks: im Frieden von innen her sich für den Frieden in der Welt zu verströmen. Hier kommt wunderbar zum Ausdruck, dass Arbeit am Frieden tiefe Freude machen kann und auf alle Beteiligten selbst zurückwirkt.

Auf alle Fälle führt die
Hoffnung weiter als die Furcht.
Ernst Jünger

Spiritualität macht frei

Monika Renz

Es begann mit Biographien großer Heiliger. Als Kind durchstöberte ich ganze Bibliotheken, um nach den Lebensberichten solcher Persönlichkeiten zu suchen. Es waren keine fromm-süßen Legenden, im Gegenteil. Zwischen den Zeilen kam mir eine eigentümliche Freiheit entgegen, die nichts zu tun hatte mit Reichtum, Attraktivität, Macht und äußerer Unabhängigkeit. Die Freiheit, um die es in diesen Biographien ging, war stark *inmitten von Verfolgung, Leiden und Armut. Ein radikales inneres Freisein,* das ich heute umschreiben würde als Freisein von äußeren und inneren Zwängen und Getriebensein, frei, genau ich zu sein. Den Begriff »Spiritualität« kannte ich damals noch nicht und war doch in all meinem Stöbern genau von dieser Seinsqualität angezogen: von einem Leben aus den Quellen echter spiritueller und religiöser Erfahrung.

Jahrzehnte später kam eine Zeit des Suchens nach Beruf und Berufung. Nach außen hieß dies Urlaub, nach innen stellte ich mich meiner Unsicherheit und dem Nicht-mehr-weiter-Wissen. Ich lebte meinen stillen Alltag zu Hause und widerstand, wenn immer möglich, der Ablenkung. Viele Tage waren schrecklich lang und einsam, bis plötzlich – in die Stille hinein – die Wiese draußen zu »meiner« Wiese wurde, zur Erfahrung einer unendlichen Wiese, von Leben schlechthin. Über Stunden empfand ich dann, dass in mir drin und um mich herum etwas war, was eine ungeahnte Ruhe, Fülle und Freiheit auslöste. Und obwohl in Realität voller offener Fragen, ward mir genau jetzt eine Erfahrung von tiefer Identität und Sinn zuteil. Das war wie ein Wackelkontakt zu Gott hin, unvermittelt geschenkt und ebenso unvermittelt wieder entschwunden. In jener Zeit wurde mir mein Interesse an Spiritualität richtig *bewusst,* mein Suchen hatte einen Namen erhalten.

Heute, in einer Zeit vielseitiger Herausforderungen, stellt sich mir die Frage erneut anders. Gibt es Spiritualität trotz hoher Arbeitsintensität, inmitten von Alltäglichkeit, trotz oder inmitten von Leid? Spiritualität auch inmitten einer kurzlebigen und sinnentleerten Zeit? Eine Spiritualität, die nicht zur Flucht entartet, sondern sich den alltäglichen Widerwärtigkeiten stellt und genau darin bewährt? Ich werde die Erfahrung nicht los, dass mein Raum für Spiritualität und meine Vertrauensbasis Tag um Tag neu bedroht sind. Damit bricht etwas zusammen, was Spiritualität und eine entsprechende Lebenshaltung überhaupt erst ermöglicht. Verzweiflung überkommt mich, wenn ich Stunde um Stunde schwer leidende Menschen vor mir liegen sehe. Ohnmacht befällt mich angesichts des eskalierenden Terrors oder der rund um die Welt kollabierenden staatlichen und kirchlichen Systeme. *»Wie kann das nur weitergehen? Bin ich nicht verrückt, hier überhaupt noch zu kämpfen?«*, fragt es dann in mir. Spiritualität beginnt für mich heute mit Sehnsucht und diese wiederum mit dem Schrei nach Zukunft, mit dem Willen zur Hoffnung, ja in der Verbündung mit einem inneren Unbekannten, *»dennoch nicht aufzugeben«*.

Was sich dabei bisweilen als spirituelle Erfahrung ereignet, ist gleichsam Dreingabe, Geschenk. Indem ich mich zur Hoffnung durchringe, ist etwas vom Erhofften wie schon da. Indem ich mich einfach und noch einmal auf diesen so unverständlichen und fernen Gott hin ausrichte, ist er mir schon nahe. Indem ich in mir den geistigen Kampf gegen die Resignation ausfechte, ist so etwas wie ein Sieg innerlich erfahrbar. Und in all dem wurde und wird mir immer klarer: Spiritualität ist heute kaum mehr möglich über den radikalen Ausstieg aus Macht und weltlichen Bindungen wie etwa zu Zeiten eines Franz von Assisi oder Niklaus von Flüe. Überzeugende Spiritualität ist heute gefordert als *Erfahrung und Haltung inmitten von Realität,* als Absage an die Verführung der Macht inmitten von mächtigen Positionen, als Freisein nicht ohne, sondern inmitten von Leid, Armut, Abhängigkeit und Überforderung. Das Wort *Inmitten* ließ mich nicht mehr los und mündete im Spitalalltag in die Frage: Gibt es eine Spiritualität der Not? Und was können Notleidende und Schwerkranke uns darüber lehren?

Ein Beispiel: *Eine Frau, ans Bett gefesselt, unfähig sich auch nur umzudrehen, hielt über Tage äußere Ohnmacht und innere Dürre aus. Als ich eines Morgens ins Zimmer trete, sagt sie zu mir: »Heute ist ein glücklicher Tag. Ich fühle mich ganz frei, so als wären meine gelähmten Beine lebendig. Ich bin frei zu leben und frei zu sterben. Ich* bin *einfach.« Über Stunden war diese Frau gelassen – bis sie ihrer Ohnmacht wieder gewahr wurde.*

Andere Patienten erfahren, indem sie ihrem Unfrieden standhalten, plötzlich unsäglichen Frieden. Dritte finden im Aushalten ihres unwürdigen Zustandes unerwartet zu Würde. So formulierte ein Mann nach einem offenbar heiligen Traum: *»Seltsam, ich bin zwar nur noch ein Haufen Dreck (vgl. Ijob 2.8). Und doch bin ich mehr. Es gibt mehr in mir als mich.«*

Das Leben wählen heißt, das Kreuz zu umarmen

Fulbert Steffensky

Ich glaube, der Satz vom Kreuz ist einer der anarchistischsten, die man sich religiös vorstellen kann: dass da ein Gott im Spiel ist, der nicht in seiner eisigen Herrlichkeit geblieben ist, um es mit dem Philipperbrief zu umschreiben, sondern Mensch geworden ist und unsere Tränen geweint hat und unsere Wege gegangen ist und unseren Tod gestorben ist. Dafür steht das Kreuz, also nicht für ein Quantum an Sühneleistung, sondern für die Solidarität Gottes mit den Menschen. Es ist für mich eines der schönsten, innigsten Symbole.

Ein anderes macht mir das Symbol des Kreuzes wichtig: Ich sehe, wie Menschen ihre eigenen Leiden in dieses Symbol interpretieren. Ich erinnere mich an das Gebet einer alten Bäuerin aus einer brasilianischen Basisgemeinde:

»Du hast Dich, Herr, für uns am Kreuz geopfert.
Wir opfern diesen unseren Leib,
der verdorrt ist vor Entbehrung,
weil wir nichts mehr zu essen haben.
Wir opfern Dir, Herr, was wir leiden,
mehr haben wir nicht,
denn sie haben uns alles genommen.«

Nein, diese Frau glaubt nicht, dass Gott mit Lust das süße Blut der Menschenleiden säuft. Sie tritt wie eine Königin vor ihn mit dem einzigen Geschenk, das sie hat. Sie ist stolz, und sie weiß, dass sie in aller Armut nicht nichts hat, dass sie nicht nichts zu geben hat. Diese Frau hat sich das Recht genommen, ihr eigenes Leiden und das ihres Volkes zu Gottesknechtsleiden zu erklären. Sie behauptet im Symbol des Kreuzes: Nichts geht verloren, und nichts ist umsonst – nicht einmal dieses karge und mühselige Leben.

Ich frage mich, wer behauptet, das Kreuz habe ausgedient und sei als Symbol nicht mehr verwendbar. Sind das die Leidenden und Gekreuzigten, die dies sagen? Oder ist es nicht doch ein schnöder Schreibtischgedanke?

Natürlich ist auch mit diesem Symbol im Laufe der Kirchengeschichte viel angerichtet worden. Mit welchem eigentlich nicht? Nur habe ich den Eindruck, wir haben nicht mehr viel Zeit, uns durch die eigene Zerstörungsgeschichte faszinieren zu lassen und allein auf sie zu starren. Es gibt eine Mäkelei der eigenen Geschichte gegenüber, die uns unfähig macht, das Gold im Stroh zu finden.

Das Kreuz ist eine Last
von der Art, wie es die Flügel
für die Vögel sind.
Sie tragen sie aufwärts.
Bernhardt von Clairvaux

Geht aber der helle Morgenstern auf

Heinrich Seuse

Wahrlich Herr, ich suche und finde in mir einen gar großen Unterschied. Fühle ich mich verlassen, so gleicht meine Seele einem Kranken, der nichts schmeckt, dem alles zuwider ist; der Leib ist schlaff, der Sinn schwer; in mir herrscht Herzenshärte, außen Traurigkeit. Was ich auch sehe, höre und weiß, verdrießt mich, wie gut es auch sei, denn ich weiß nicht, wie ich mich verhalten soll; leicht falle ich in Fehler, unschlüssig verhalte ich mich Feinden gegenüber, lau und kalt bin ich zu allen guten Dingen. …

Geht aber der helle Morgenstern auf mitten in meiner Seele, so ist alles Leid verschwunden, alle Finsternis gelichtet, der Himmel wird hell und heiter, und mein Herz lacht; es freuen sich Sinn und Seele in mir; mir ist es so recht festlich zumute, und alles, was an mir und in mir ist, wird zu einem Lobe für dich. Was schwer, mühsam, unmöglich war, wird leicht und angenehm: Fasten, Wachen, Beten, Leiden, Meiden und alles Strenge in der Lebenshaltung wird zu nichts bei deiner Gegenwart. Gar manche Kühnheit kommt mich an, die mir in der Verlassenheit gefehlt hat. Die Seele wird so mit Klarheit, Wahrheit, Freundlichkeit durchtränkt, dass sie alle Mühsal vergisst. Ich kann frommen Herzens ohne Mühe betrachten, die Zunge von Selbstbewusstsein sprechen, der Leib alles behände anpacken, und wer nur sucht, findet für all das, was er begehrt, klugen Rat. Mir ist dann, als wäre ich über Raum und Zeit hinausgewachsen und stünde in dem Vorhof ewiger Seligkeit. Ach, Herr, wer verleiht mir (diesem Zustand) Dauer?

Entscheidung zur Hoffnung

Anselm Grün

Die Hoffnung – so sagt die theologische Tradition – ist eine von Gott geschenkte Tugend, eine Tüchtigkeit und Kraft, zu der uns Gott befähigt. Die Hoffnung steckt voller Aktivität. Sie gestaltet diese Welt, weil sie glaubt, dass Gott für diese Welt eine Zukunft bereitet hat. Sie vertraut darauf, dass es einen Sinn hat, sich für die Menschen einzusetzen. Sie ist voller Zuversicht, dass Gott für die Menschen eine gute Zukunft bereithält. Aber zugleich weiß die Hoffnung, dass unsere innerweltlichen Hoffnungen ins Leere gehen, wenn sie nicht vom Vertrauen in ein größeres Wirken getragen sind.

Die Hoffnung gleicht der Sehnsucht. Und doch ist sie noch etwas anderes. Die Hoffnung ist geprägt von dem Vertrauen in die Zukunft, von dem Vertrauen, dass die Zukunft in Gottes Hand liegt und dass er unsere tiefsten Sehnsüchte erfüllt. Und die Hoffnung beinhaltet das geduldige Ausharren, bis Gott seine Verheißungen in uns Wirklichkeit werden lässt. Die Sehnsucht ist einfach da, ob ich will oder nicht. Für die Hoffnung muss ich mich bewusst entscheiden. Sie ist eine Tugend, die ich pflegen muss. Gegenüber der pessimistischen Grundhaltung, die meint, die Welt steuere dem Verderben entgegen, vertraut die Hoffnung darauf, dass Gott die Welt und den Menschen zur Vollendung führt, auch wenn diese Vollendung über das Scheitern und Zerbrechen menschlicher Vorstellungen führt. Das Kreuz ist das deutliche Zeichen dafür. Es steht für die Hoffnung, dass selbst im Untergang neues Leben aufleuchtet.

Hoffen heißt,
sich anvertrauen:
Leben macht Sinn

Alles darf sein

Petra Stadtfeld

mein Herz befiehlt mir
und warnt mich zugleich:
liebe

die Liebe befiehlt mir
und warnt mich zugleich:
gib dich hin

die Hingabe befiehlt mir
und warnt mich zugleich:
riskiere dich

die Sehnsucht befiehlt mir
und warnt mich zugleich:
träume

die Hoffnung befiehlt mir
und warnt mich zugleich:
vertraue

das Vertrauen befiehlt mir
und warnt mich zugleich:
hab Mut

ich will lieben
auch wenn ich dich verliere

ich will mich hingeben
auch wenn ich mich verliere

ich will träumen
auch wenn es nie wahr wird

ich will hoffen
auch wenn ich noch kein Licht sehe

ich will vertrauen
auch wenn die Wunde noch schmerzt

ich will leben
und alles darf sein

Die Stimme des Herzens

Gernot Candolini

Es ist etwas Wunderschönes, wenn jemand sich seinem Weg ganz anvertrauen kann. Wie ein Fluss seinem Bett. Warum fällt mir das nur so schwer, wo ich mir doch sicher bin, dass das der Königsweg des Lebens ist? Auch der Fluss macht Umwege. Nie ist er wirklich gerade. Faszinierend ist das Wasser in seinem unbeirrten Anschmiegen an den Weg. Trotzdem ist es gleichzeitig erfüllt von der unbändigen Energie, vorwärts zu kommen. Kein Stein, kein Brückenpfeiler, nicht einmal ein Damm ist ein Hindernis. Es weicht aus, verliert aber keinen Augenblick lang seine ganze Kraft nach vorne. Und wenn es sich eindreht in eine Bucht oder einen Strudel, scheint das eine selbstverständliche Pause, eine willkommene Rast zu sein. Das Wasser gibt sich seinem Weg vollkommen hin. Ich weiß, dass dieses vollkommene Vertrauen vollkommenes Glück bedeuten würde.

Manchmal, wenn ich als Pilger unterwegs bin, versuche ich mich in dieses Vertrauen einzuüben. Ich gehe gern ohne Karte und Vorwissen. Ich mache die ersten Schritte und versuche mich darauf einzustimmen, dass der Weg mich führen wird. Ich weiß nicht, wie ich es am besten nennen soll: Intuition, Stimme des Herzens, innere Stimme, aber ich weiß, dass sie sehr verlässlich ist. Zu fast jeder Wegkreuzung hat sie eine Meinung, als ob sie das Land dahinter kennen würde. Manchmal, wenn sie schweigt, bekomme ich Zweifel, ob es wirklich klug war, mich auf sie zu verlassen. Ich hätte die Karte doch wenigstens einstecken können für solche Fälle. In einem solchen Fall steigt mit jedem Schritt näher zur Kreuzung mein

Missmut. Ich habe keine Lust, in eine Sackgasse zu rennen. Aber es passiert dann fast immer dasselbe. Ist sich die innere Stimme nicht sicher, welcher Weg der richtigere ist, schickt mir der Himmel einen Boten. Ein Bauer fährt vorbei, ein Kind läuft aus einem Haus, oder ein verstecktes Schild gibt mir die notwendige Auskunft. …

Das Wasser kann es mit wunderbarer Vollkommenheit, der Pilger kommt manchmal dahin, und wenn es mir gelingt, dieses Vertrauen einmal kurz in den Alltag hineinzutragen, entstehen Momente des Staunens und des Glücks. Ich erlebe, wie einfach und gut sich alles entwickelt und wie es auf einmal wie von selbst funktioniert. Trotzdem gelingt es mir nicht, dieses gelassene Vertrauen lange durchzuhalten. Irgendwann schnappe ich zurück in eine andere Haltung. Steuern, tun, mehr tun, die Dinge erzwingen, Einfluss geltend machen, manipulieren, managen, sich verkaufen. Wer das gut kann, wird Erfolg haben. So habe ich es gelernt, und plötzlich finde ich mich wieder in diesem Laufrad.

Es gibt Boten, die mich wieder aus diesem Laufrad herausholen wollen; sie stehen am Wegesrand, manchmal erkenne ich sie sogar deutlich. Ich sehe, dass es mir gesandte Boten sind, aber ich kann jetzt nicht, ich habe meine Zeit schon eingeteilt, ich kann meinen Plan nicht ändern, und so eile ich an ihnen vorbei. Mein Körper und meine innere Stimme versuchen es mir zu sagen, aber ich habe nicht gelernt, wirklich auf die beiden zu hören. Vielleicht habe ich mir auch deshalb das Labyrinth zu meinem Lieblingsthema gemacht, das Pilgern nach Santiago zu meinem größten Traum und den Bibelspruch: »Trachtet zuerst nach Gottes Reich, so wird euch das andere zufallen« zu meinem Leitvers. Vertrauen in das Leben, Vertrauen in meinen Weg, Vertrauen in Gott. Wer vertrauen kann wie das Wasser, muss dem Himmel ganz nahe sein.

Geführt

Bert Hellinger

Wenn wir uns verirrt haben, warten wir auf jemanden, der uns auf den Weg, den wir verloren haben, zurückbringt.

Das gilt vor allem für den geistigen Bereich. Gerade wenn wir uns unseres Weges sicher zu sein glauben, stellt sich nach einer Weile heraus, dass wir uns in unseren Gedanken und Wünschen im Kreis drehen. Wir schreiten voran, ohne weiterzukommen, erschöpfen uns und halten an. Wir müssen zugeben, wir waren auf dem falschen Weg und haben uns verirrt. Manchmal versuchen wir es noch einmal, doch ohne neue Orientierung, und drehen uns weiterhin im Kreis. Am Ende müssen wir erkennen, dass es so nicht weitergeht, und kommen zur Besinnung.

Wenn wir wirklich zur Besinnung kommen, war der Weg nicht umsonst. Selbst hier zeigt sich, dass wir von einer guten Kraft geführt werden, allerdings auf einem Umweg. Diese gute Kraft ist eine geistige Kraft, ihre Führung ist eine geistige Führung.

Die geistige Führung kommt aus einem Bewusstsein, das unser Bewusstsein übersteigt. Sie kommt aus dem Bewusstsein eines alles wissenden Geistes. …

Wenn wir uns verrannt haben, vor allem, wenn wir uns mit unseren Gedanken verrannt haben, brauchen wir seine Führung. Seine Führung zeigt sich auch darin, dass er uns, wenn wir auf einem falschen Weg waren, nach einiger Zeit bewusst macht, dass dieser Weg nicht weiterführt.

Wie erfahren wir diese Führung? Wie wird sie uns bewusst? Wenn wir gesammelt auf sie warten, ohne uns zu bewegen, wissend, dass nur sie uns weiterhilft. Wir erfahren sie auch, wenn wir um sie bitten.

Die Führung des Geistes erfahren wir einmal an den Folgen unseres früheren Denkens, wenn er sie uns bewusst macht. Sie zeigt sich zum Beispiel dort, wo wir versuchen, diesem Denken in unserem Handeln selbst dann noch zu folgen, wenn uns die Umstände durch ihren Widerstand bereits gezeigt haben, dass es so nicht weitergeht.

Wenn wir diese Führung ernst nehmen und rechtzeitig innehalten, erfahren wir uns auf eine nächste Weise geführt – durch eine Einsicht. Es ist die Einsicht in den nächsten Schritt, nur in den nächsten Schritt. Wenn wir dieser Einsicht folgen, wird uns die Einsicht auch für die weiteren Schritte gewährt. Wir werden also von Einsicht zu Einsicht auf neue Wege geführt und kommen immer umfassender mit den Bewegungen dieses Geistes in Einklang.

Wohin führen diese Bewegungen? Sie führen uns zur Liebe des Geistes, zur Liebe für alles, was es ist. In diesem Sinne werden wir auch zur Liebe für das geführt, was uns auf unseren Umwegen an unsere Grenzen gebracht hat.

Nach einer Weile kommen wir auf eine Weise in den Einklang mit den Bewegungen dieses Geistes, dass wir vor jeder entscheidenden eigenen Bewegung auf ihre Führung warten.

Diese Führung führt uns zu einem anderen Denken und zu einem anderen Tun. Wir bleiben mit ihr in Verbindung und folgen ihr, selbst dort, wo manches von uns aus dagegen spricht.

Im Einklang mit dieser Führung werden wir ruhig und gelassen. Wir bleiben allem zugewandt, wie es ist. Im Einklang mit dieser Führung werden wir weit und klar und sind uns sicher, ob etwas geht oder nicht. Sollten wir manchmal von der Führung des Geistes abweichen, bringen uns die Folgen zur Besinnung, bis wir wieder mit ihr in Einklang kommen.

So geführt, wirken wir Gutes und erfahren uns auf unserem Weg erfüllt und wissend.

Befiehl du deine Wege

Paul Gerhardt

Befiehl du deine Wege
und was dein Herze kränkt
der allertreusten Pflege des,
der den Himmel lenkt.
Der Wolken, Luft und Winden
gibt Wege, Lauf und Bahn,
der wird auch Wege finden,
da dein Fuß gehen kann.

Hoff, o du arme Seele,
hoff und sei unverzagt!
Gott wird dich aus der Höhle,
da dich der Kummer plagt,
mit großen Gnaden rücken,
erwarte nur die Zeit,
so wirst du schon erblicken
die Sonn der schönsten Freud.

Hoffnung, die Geborgenheit gibt

Verena Kast

Die Möglichkeit zur Hoffnung liegt im menschlichen Wesen selbst, und dennoch muss man sich immer wieder neu auch zur Hoffnung entschließen.

Die Unterscheidung im Französischen von »espoir«, der aktiven Hoffnung zum Leben, und »espérance«, der tiefen Hoffnung, die den Menschen auszeichnet und die etwa in großen existentiellen Krisen als bildlose Hoffnung zum Tragen kommt, ist durchaus sinnvoll. Dennoch sind die beiden Formen der Hoffnung nicht zu trennen, durchdringt die bildlose Hoffnung zumindest immer wieder die alltägliche Hoffnung, die sich als Trieb zur Selbstverwirklichung, zur Selbstwerdung, zur Realisierung im alltäglichen Leben zeigt.

Dabei scheint sich die Angst immer wieder über die Hoffnung zu legen, ohne dass sie die Hoffnung wirklich ersticken könnte. Wo Hoffnung ist, ist Geduld möglich, denn plötzlich bricht die Hoffnung doch wieder durch. Die »Hoffnung ersäuft die Angst«, sagte Ernst Bloch und meint damit, dass die Hoffnung im Menschen ursprünglicher ist als die Angst und dass sich Menschen deshalb auch zur Hoffnung aktiv entschließen können.

Ähnliches gilt vom Vertrauen: Wir Menschen vertrauen ursprünglich, aber wir müssen uns auch immer wieder zum Vertrauen entschließen, Vertrauen schaffen, Vertrauen riskieren und uns dazu entschließen, dass wir in einer Welt leben wollen, in der man einander vertrauen kann. Hoffnung und Vertrauen wachsen aus den verlässlichen Bindungen, und sie werden mehr, wenn wir uns für verlässliche Bindungen zur Verfügung stellen. Hoffnung vermehrt sich auch aus der Erfahrung heraus, dass uns Menschen etwas trägt: So haben wir immer wieder Einfälle, die uns helfen, das Leben zu bewältigen, die uns immer wieder auch eine neue Zuversicht geben können, aber wir können diese Einfälle offensichtlich nicht selber machen. Wir können nur offen und empfänglich dafür sein, wenn sie kommen. Wenn wir aber einen Einfall haben, dann können wir ihn verwirklichen. Es braucht also Entschlossenheit und Gelassenheit: Wir entschließen uns zu Hoffnung und zu Vertrauen, wir stellen uns das bessere Leben in unseren Imaginationen vor, aber wir können und müssen nicht alles aus eigener Kraft machen. Zur Entschlossenheit gehört auch, dass wir uns mit der Angst beschäftigen, die uns die Zukunft als bedrohlich erscheinen lässt. Zur Entschlossenheit gehört aber auch, dass wir Ressourcen in unserem Leben ernst nehmen und Seiten an uns entwickeln, die das Selbstvertrauen und das Vertrauen mehren: so wie wir es erleben, wenn wir uns freuen. Dann gelingt auch eine echte Gelassenheit: Es kommt wirklich darauf an, beharrlich das Bessere zu erwarten, ohne eine zu enge Erwartung aufzubauen, geduldig dabei zu sein, um bereit zu sein, das Neue zu erfassen, wenn es sich denn zeigt.

Eine solche Haltung gibt eine Geborgenheit im Leben und sie führt auch zu Dankbarkeit. Wir können nicht dankbar sein, wenn wir den Eindruck haben, alles aus eigener Kraft machen zu müssen. Dies können wir aber nicht, und wir müssen es auch nicht. Und vielleicht ist das, was uns geschenkt wird, das Beste. Aber es ist wie mit den Märchenhelden und Märchenheldinnen: Ohne unser Engagement wird uns auch nichts geschenkt.

Die Kunst, abhängig zu sein

Ingrid Riedel

Zunächst würde man natürlich eher die »Fähigkeit, unabhängig zu sein« als eine Kunst betrachten. Sie ist auch eine. Und wer von sich behaupten könnte, unabhängig zu sein, der wäre auch kompetent, über diese Kunst zu schreiben. Ich bin es nicht. Ich bin abhängig von mir wichtigen Menschen, manchmal sogar von weniger wichtigen, von einer guten Atmosphäre, von meinem körperlichen Wohlbefinden, immer wieder einmal von einem guten Essen, zu dem auch ein guter Wein gehört, erst recht immer wieder von Zuneigung, Zärtlichkeit, von so manchen Dingen, die ich liebe und brauche; bin abhängig manchmal sogar vom Wetter, und immer bin ich dabei abhängig von einigermaßen reiner Luft, in der man noch atmen kann, von Wasser, das man noch trinken kann – wir leben ja in einer ökologisch umfassenden Interdependenz, aber das wäre ein Thema für sich.

Wenn ich all das, von dem ich abhängig bin, um mich habe, fühle ich mich wohl, im Vollbesitz meiner Kräfte, bin ich guter und meist auch kreativer Stimmung. Wenn aber diese Menschen und Dinge mir fehlen, sinkt mein Stimmungsbarometer, versandet meine Kreativität, fällt mir nicht mehr viel ein, bin ich nicht mehr so empathisch wie zuvor.

Vor allem aber bin ich abhängig, weil und wo ich anhänglich bin, wo ich mich zugehörig fühle. Es wird mir doch niemals gleichgültig sein können, wie es einem mir wichtigen und lieben Menschen ergeht. Es wird mich doch nicht unberührt lassen, wenn es ihr oder ihm schlecht geht, sondern es wird meine eigene Stimmung entscheidend beeinflussen und nicht nur meine Stimmung, auch mein Handeln. Es wird mich erst recht nicht unberührt lassen, wenn dieser Mensch sich ein Stück weit aus unserer Beziehung entfernt, sich mir entzieht, während ich doch auf ihn warte, mich auf ihn beziehe. Unabhängigkeit unter Menschen wäre nur möglich um den Preis der Unbezogenheit.

Abhängigkeit ist, genau betrachtet, ein Beziehungsbegriff: Abhängig sein heißt doch, in Relation stehen zu etwas, zu jemandem. So sagen wir beispielsweise: »Das Wetter morgen ist abhängig von der Windgeschwindigkeit, in der ein neues Island-Tief herankommt ...«, oder: »Die Stabilität einer Beziehung ist abhängig davon, wie wichtig die Interessen sind, die die beiden Partner miteinander teilen ...« Wir gebrauchen den Begriff »abhängig sein« immer zur Beschreibung einer Beziehung. Im Englischen spricht man von *»dependence«*, wenn es um Abhängigkeit geht, von *»interdepencence«*, wenn es um gegenseitige Abhängigkeit von Personen oder von Vorgängen geht. Auch hier handelt es sich um einen klaren Beziehungsbegriff. Für die totale Abhängigkeit im Sinne der Drogenabhängigkeit verwendet man dagegen einen eigenen Ausdruck: *»drug addiction«*.

Wer *»drug addicted«* ist, der Droge verfallen, ist damit einer anderen Form der Okkupation unterworfen als der einer bloßen Abhängigkeit. Es ist eine radikale, absolute Abhängigkeit, die sich von der relativen Abhängigkeit, die ich hier beschreibe, völlig unterscheidet. Dabei dürfen wir allerdings nicht übersehen, dass jede Relation zwischen zwei Polen auch bis zur Aufhebung des einen gehen kann, so dass der eine vom anderen dominiert wird. Es entsteht ein Ungleichgewicht, wenn die eine Waagschale oder die eine Seite der Wippe unverhältnismäßig belastet wird. Dann sitzt der zu Schwere unten, der zu Leichte oben: Die Wippe steht und lässt sich nicht mehr bewegen, das Spiel ist blockiert. Die Partner müssen also von adäquatem Gewicht sein, soll das Beziehungsspiel gelingen. Die Abhängigkeit, die ich hier beschreibe, besteht in dem Balancespiel der beiden, die miteinander wippen, die in Beziehung zueinander stehen. Dieses Balancespiel in Gang zu bringen und in Gang zu halten wäre die »Kunst, abhängig zu sein«, die ich meine.

Das anschaulichste und angemessenste Bild für ein voneinander Abhängigsein als Beziehungsgeschehen ist wohl das einer Seilschaft im Gebirge. Da hängen alle Beteiligten am gemeinsamen Seil, hängen von ihm und voneinander ab. Das ist Interdependenz. Wichtig für unser Verständnis von Abhängigkeit ist auch, dass eine solche Seilschaft freiwillig eingegangen wird und auch wieder gelöst werden kann. (Auch wenn das schöne und stimmige Bild einer freiwillig miteinander verbundenen Seilschaft in der Zwischenzeit vielfach zur negativen Kennzeichnung von korrupten »Seilschaften«, die einander decken und Machenschaften verdecken, missbraucht wurde, verwende ich es in der ursprünglichen Bedeutung aus der Bergsteigerei.)

Die »Kunst, abhängig zu sein« beruht auf dem Modus, grundsätzlich freiwillig die jeweilige Abhängigkeit eingegangen zu sein und sie wieder lösen zu können. Solange die Seilschaft aber besteht, bedeutet sie schicksalhafte Abhängigkeit. Ich trage hier die anderen mit, werde aber auch mitgetragen. Wenn auf dem Gletscher in unübersichtlichem Gelände Schnee oder Eis einbrechen und ich über einer Spalte über dem Abgrund hänge, dann fängt die Seilschaft mich auf. In seltenen und tragischen Fällen kann ich auch mitgerissen werden im Sturz des anderen. Entweder mitgetragen oder mitgerissen zu werden, ist das hohe Risiko, das ich eingehe, wenn ich mich von jemandem abhängig mache. Aber im Regelfall ist das Aneinander-gebunden-Sein einer Seilschaftgruppe, die Abhängigkeit aller voneinander gerade das Tragende und das Rettende. Eine Seilschaft wird die Zugehörigen niemals fallen lassen.

Sie sind und bleiben verbindlich aufeinander bezogen. Abhängig zu sein im Sinne solcher Angewiesenheit aufeinander, das gilt nicht für solche eher seltenen Extremsituationen, wie ich sie eben beschrieben habe, sondern auch für zahllose Situationen im Alltag. …

Dass die anderen Zuverlässigkeit von einem erwarten, ist »das Lästige an jeder verbindlichen Beziehung«, wie es eine Freundin einmal ausdrückte, das Lästige, das einfach jede Beziehung enthält, das, was einen die Abhängigkeit von anderen manchmal auch quälend erleben lässt. Soll es denn nicht mehr erlaubt sein, sich etwas spontan einfallen zu lassen, die Abmachungen anderer sowie deren Erwartungen über den Haufen zu werfen? Lästig, zu einer bestimmten Zeit zum Essen kommen zu sollen, auch wenn es Freunde für einen vorbereitet haben! Nicht minder lästig aber auch, selbst mit großer Liebe für Freunde ein Essen vorbereitet zu haben – zum Beispiel Felchen aus dem Bodensee, bei dem die Kochzeit stimmen muss –, und diese Freunde haben dann irgendwo die Zeit vergessen und lassen auf sich warten! Ausschließlich als lästig könnten wir diese Abhängigkeit, dieses Angewiesensein auf einen anderen und aufeinander bezeichnen, wären wir nicht selbst in der gleichen Weise auf die verlässliche Bezogenheit des anderen angewiesen, darauf, dass der versprochene und sehnlich erwartete Anruf auch wirklich kommt; darauf, dass sowohl die Spaziergänge als auch die Gute-Nacht-Rituale eingehalten werden, auf die wir uns doch freuen! »Es muss feste Bräuche geben«, sagt der Fuchs zum kleinen Prinzen bei Saint-Exupéry, denn ohne Rituale »kann ich nie wissen, wann mein Herz da sein soll«. Mit diesem Ausspruch erweist sich der Fuchs als ein Meister in der »Kunst, abhängig zu sein«.

Sei der Grund

Thomas Weiß

Sei der Grund, auf dem ich gehe,
der mich trägt,
auf dem ich mich ausstrecke ab und zu,
um zu spüren, dass ich da bin
und dass du Geduld hast.
Geduld – so tief und fruchtbar,
so dunkel und duftend
wie Ackerboden vor der Aussaat.

Miteinander leben – voneinander lernen

Michael Cöllen

Vielleicht noch wichtiger als das Lernen aus den eigenen Fehlern ist das Lernen aus den Fehlern des Partners, was aber vielen besonders schwer fällt. Wieso sollte man ausgerechnet aus dessen Fehlern lernen können und wollen, da sie doch Anlass für Kränkung und Streit geben? Das setzt ganz viel an Einsichtigkeit voraus. Es gibt dabei immer eine gegenseitige Wirksamkeit. Bei unserer Wahl des Partners suchen wir unbewusst nicht nur dessen attraktive Seiten aus, sondern gerade auch die Fehler des anderen, weil wir auch von ihnen profitieren. Sie zwingen uns zur Auseinandersetzung mit uns selbst, wenn wir in dieser Beziehung weiterleben wollen. Der Partner liefert also sowohl mit seiner Kritik an mir als auch mit seinen eigenen Fehlern die nötige Anschubenergie zu seelischer Aufarbeitung und Reifung, die sonst gar nicht in Gang käme, der eigenen Trägheit wegen. Die Fehler des anderen wirken im »Spiegeleffekt« auf die eigenen Fehler zurück. Die Fehler des einen zwingen den anderen, mit dessen Fehlern richtig umzugehen und die eigenen Fehler gleichzeitig selbstkritisch zu betrachten. So bilden die Fehler und Schwächen beider Partner ebenso ein gemeinsames Entwicklungspotenzial wie die Stärken und Attraktionen eines jeden. »Gegensätze ziehen sich an« und »Gleich und gleich gesellt sich gern« – beides gilt nicht nur für die hellen und attraktiven, sondern auch für die dunklen und schwierigen Seiten beider Partner. Diese *dynamische Fehlerspiegelung* ist nach der gegenseitigen Lust- und Bedürfnisbefriedigung die Feuerprobe für die Liebenden und bei Gelingen gleichzeitig eine Art Garantieschein für das gemeinsame Wachsen in dauerhafter Liebe. *Dynamische Fehlerspiegelung* ist die Kunst, *im Miteinander und im Wechselspiel der Beziehung* aus Fehlern stark zu werden: Deine Fehler und meine Fehler sind unsere Fehler.

Dieses Grundwissen, dass wir alle vom Partner etwas zu lernen haben, ebnet den Weg, seine Fehler anders zu sehen und anders zu verstehen. Zumindest in der Streitphase mit dem anderen fällt es besonders schwer, ausgerechnet von diesem Gegenüber lernen zu sollen oder zu wollen. Die eigene gekränkte Eitelkeit, der eigene Narzissmus lässt *Lernen durch dich* oft kaum zu. Das würde bedeuten, dem anderen Recht zu geben, selbst aber im Unrecht zu sein. Viele fürchten dann einen Gesichtsverlust. Alte Ängste werden reaktiviert: Als Kind mussten wir viel von den Eltern lernen, verbunden mit großer und manchmal demütigender Abhängigkeit. Das bewirkte damals Ohnmachtsgefühle, Gefühle von Unterlegenheit und Hilflosigkeit, von Unwissen. Aber die seelischen Gesetze der Partnerwahl bewirken, dass wir uns in der Regel einen Geliebten suchen, durch den wir, gerade aufgrund seiner Eigenart, etwas Wichtiges über uns selbst zu lernen haben. Der Sinn einer Beziehung geht weit über die Grundbedürfnisse von Triebbefriedigung, Kinderaufzucht und Existenzbewältigung hinaus. *Lernen durch dich* heißt dann, dass die Partnerschaft kein Zufallsprodukt ist, sondern einen tieferen Sinn erfüllt. Beide haben sich gefunden, um aneinander und miteinander, füreinander und durcheinander zu wachsen und zu reifen.

Liebe: Vom Mut zur Entscheidung

Hans Jellouschek

In der neo-romantischen Liebesauffassung, mit der ich mich hier auseinandersetze, werden Liebe und Liebeserlebnis gleichgesetzt. Damit ist eine Konsequenz gegeben: die Meinung, dass Liebe nämlich willentlich nicht beeinflussbar sei und durch bewusste Entscheidung höchstens gestört, wenn nicht gar zerstört werden könne. Daraus folgt, dass die Dinge in der Liebe sich ergeben, sich entwickeln, dass sie wachsen und reifen müssen und dass sie nicht machbar sind. Der Liebe besonders abträglich ist es nach dieser Auffassung, wenn sie mithilfe bewusster Entscheidungen »festgeschrieben« werden soll. Dadurch wird sie – wie sich bei der Eheschließung am krassesten zeigt – institutionalisiert und formalisiert. Das ist aber nach dieser Auffassung der Partnerliebe völlig unangemessen. »Kopf« und bewusster Wille werden als Gegensatz zur Liebe gesehen. Alles muss offenbleiben, die Liebe muss sich immer wieder neu herausstellen und bewähren, die Dinge müssen sich entwickeln können, was »daran ist«, muss sich quasi von selbst ergeben. Ob die Liebe hält oder nicht, wird sich zeigen, ob wir zusammenziehen oder nicht, wird sich herausstellen, ob wir Kinder haben werden oder nicht, wird irgendwann mal klarwerden.

Es ist dies eine Art biologisch aufgefasste Wachstums-Idee, der wir hier begegnen. Wie eine Pflanze wächst, blüht, Frucht bringt, ohne dass jemand mit Kopf oder Willen eingreift, so soll es auch in der Partnerschaft sein. Diese »Öko-Idee« menschlicher Beziehungen beinhaltet allerdings viel Ideologie. Jeder, der einen Garten hat, weiß, dass bewusstes Eingreifen für Wachstum und Fruchtbarkeit von Pflanzen durchaus nötig ist. Dennoch steht dahinter ein sehr berechtigtes Anliegen und eine oft bittere Erfahrung. In unserer Elterngeneration und in unserer Umgebung erlebten und erleben wir, dass Verstand und Wille in Partnerbeziehungen oft tatsächlich ganz und gar nicht im Sinne der Liebe eingegriffen haben und eingreifen. Man entschied sich, zu heiraten, weil man keine Alternative hatte, hielt und hält die Ehe aufrecht, weil man Angst vor dem Alleinsein hat, setzte und setzt Kinder in die Welt, weil es halt dazugehört. Viele Menschen versuchen mit ihrer bewussten Entscheidung, die Liebe, die nicht mehr da ist, zu ersetzen oder mit Gewalt festzuhalten. Das ist natürlich unmöglich. Aus dieser Erfahrung geht die Tendenz ins andere Extrem, Liebe und bewusste Entscheidung, und vor allem Liebe und institutionelle Festlegung als unvereinbare Gegensätze zu sehen. Darin liegt es begründet, dass heute die Zahl der Eheschließungen kontinuierlich zurückgeht, die Zahl der unverheiratet zusammenlebenden Paare immer größer wird und dass die Zahl der Single-Haushalte in manchen Großstädten auf die 50 Prozent zugeht. Wenn man sich nicht auf einen *»Law and order«*-Standpunkt stellt, sind diese Folgen für sich genommen ja noch nicht bedenklich. Wenn man aber davon ausgeht, dass diese nicht-ehelichen Lebensformen in ihrer Mehrzahl auf das Vermeiden ausdrücklicher Entscheidungen und bewusster Festlegungen zurückzuführen sind, zeigt sich eine tiefgehende Problematik.

Aus dem biologisch aufgefassten Wachstumsgedanken entsteht nämlich ein Paarmuster, das ich etwas sarkastisch das Muster des »verjährten Liebespaares« genannt habe. Was ist damit gemeint? Nehmen wir einen heute häufigen Fall: Zwei Menschen verlieben sich und gehen ein »Verhältnis« miteinander ein. Jeder hat seinen eigenen Beruf, jeder seine eigene Wohnung, jeder ist in seinem Umfeld gut integriert. Vorerst denken sie nicht daran, zusammenzuziehen. Aber mit der Zeit ergibt es sich so, dass er hauptsächlich bei ihr wohnt, ohne allerdings die eigene Wohnung aufzugeben. Eine Art »Probe-Ehe« beginnt. Das dauert vielleicht so zwei Jahre. Man will mal sehen, wie es geht. Dagegen ist überhaupt nichts einzuwenden. Solche vorläufigen Formen des Zusammenlebens können sehr wertvoll sein, entweder um überhaupt erste intensive Beziehungserfahrungen zu machen, oder um nach frustrierenden Erfahrungen vorsichtig neue Wege auszuprobieren. In unserem Fall aber vergehen die zwei Jahre und ebenso ein drittes, aber es ändert sich nichts. Die Beziehung entwickelt sich nicht so recht »von selber«. Es geht weder deutlich in Richtung »Zusammen«, noch in Richtung »Auseinander«. Eigentlich leben sie ja fast schon wie ein Ehepaar. Aber sie sind doch keines. Das zeigt sich in bestimmten charakteristischen Situationen. An Weihnachten zum Beispiel fahren sie immer noch nach Hause, aber getrennt, jeder zu seinen Eltern. Im eigenen Elternhaus ist der Freund/die Freundin noch gar nicht richtig eingeführt. Die jeweiligen Eltern kennen ihn/sie kaum. Man hält den anderen irgendwie geheim, wie eine »verbotene Liebe«.

Außerdem fällt auf, dass sie keine Zukunftspläne machen. Über den nächsten gemeinsamen Urlaub geht die Planung nicht hinaus. Sie denkt zwar manchmal an ein Kind, denn altersmäßig wäre es bereits höchste Zeit. Aber das Thema ist tabu, wo sie doch noch gar nicht mal darüber gesprochen haben, in welchem Sinn sie sich als Paar verstehen. Wenn Freunde kommen, die der andere noch nicht kennt, wird es jedes Mal peinlich. Wie soll man einander vorstellen? »Meine Frau«, »mein Mann«, das stimmt ja nicht, »mein Freund«, »meine Freundin« – das klingt seltsam angesichts der gemeinsamen Jahre, die man schon auf dem Buckel hat. Auch »meine Partnerin«, »mein Partner« würde eine Definition der Beziehung voraussetzen, die man bis jetzt vermieden hat. Der Zustand ist noch immer vorläufig und ist doch schon ein Dauerzustand geworden. Das Undefinierte der Beziehung erfüllt beide manchmal mit Unbehagen. Aber »es« wird nicht eindeutiger. Allmählich beginnt man auf der Stelle zu treten. Ein Gefühl von Langeweile breitet sich aus. Es passiert nichts Neues mehr. Schleichende Enttäuschung breitet sich aus. Er hält sich jetzt wieder öfter in seiner eigenen Wohnung auf, die Sexualität wird seltener, sie erlebt sich manchmal »grundlos« widerborstig und ertappt sich immer öfter bei romantischen Träumereien von einer großen Liebe, die alle nicht gestellten Fragen mit einem Schlag beantworten würde. ... Wenn sie ehrlich sind, verbindet sie außer der Gewohnheit nichts mehr. Ohne dass etwas Besonderes vorgefallen wäre, ohne dass einer den anderen besonders verletzt hätte, sind sie irgendwie miteinander am Ende. Ihre Liebe hat sich »verjährt«. Beide sind im Grunde wieder die Singles geworden, die sie vor Jahren waren.

Hier treten die Folgen der biologischen Wachstumsidee für die Partnerliebe sehr krass zu Tage. Es gibt aber auch Paare, die verheiratet sind und Kinder haben, bei denen die Wachstumsideologie dennoch zerstörerisch wirkt, obwohl sie äußerlich alle anstehenden Entscheidungen gefällt zu haben scheinen. Zum Beispiel: Ein Paar zieht zusammen, weil es praktischer ist. Ein Wohnungswechsel steht bei einem an, da ergibt es sich fast von selbst, dass man zusammenzieht. Dann vergisst sie die Pille und wird schwanger. Da eine Abtreibung für das Paar nicht in Frage kommt, kriegen sie das Kind, aber ohne dass sie sich dafür wirklich entschlossen hätten. Nun sind sie Vater und Mutter: ein Grund mehr, zusammenzubleiben, ohne sich wirklich dafür entschieden zu haben. Dann stellt sich heraus, dass es für das Kind doch immer noch recht nachteilig ist, unverheiratete Eltern zu haben. Also geht man schließlich, obwohl man das nie wollte, doch noch miteinander zum Standesamt. Dieses Paar hat im Grunde alles genauso dem »unwillkürlichen« Wachstum überlassen wie das »verjährte Liebespaar« – und hat sich um die ausstehenden Entscheidungen herumgedrückt.

Es kann sein, dass dabei gar nichts Schlimmes passiert. Es kann sein, dass sie auf irgendeinem Weg die Entscheidungen doch auch innerlich nachvollziehen. Dennoch haben sie viele Chancen für ihre Beziehung verpasst. Und dies hat in vielen Fällen ähnlich negative Folgen wie die vorher besprochenen. Bei einem oder bei beiden bleibt die große Frage zurück: »Warum sind wir eigentlich zusammen? Meint er/sie wirklich *mich*?« Hinter allerlei »Beziehungskisten« bohrt eigentlich einzig und allein diese große Frage. Wenn ein solches Paar in die Therapie kommt, wird diese gar nichts nutzen, wenn es nicht gelingt, auf den Grund vorzustoßen, der in dieser letzten Unsicherheit und Unentschiedenheit liegt, auf der die Beziehung aufgebaut ist.

Was ist nun im Einzelnen aus dieser biologisch gefassten Wachstumsidee in der Partnerliebe zu sagen? Ich meine natürlich auch und habe es immer wieder betont, dass die Partnerliebe ein Prozess ist, ein Wachstums- und Reifungsprozess. Er verläuft in Phasen von Nähe und Distanz, hat seine Durststrecken und Oasen und führt über Höhen und durch Tiefen. Das ist ja mein zentrales Anliegen hier: von einer zu stark momenthaften Auffassung der Liebe als Erleben im Hier und Jetzt wegzukommen. Allerdings sehe ich diesen Wachstums- und Reifungsprozess beim Menschen nicht in einem Gegensatz zur bewussten Entscheidung, willentlichen Festlegung und ausdrücklichen Formgebung. Entscheidung, Festlegung und Formgebung gehören in die Entwicklung des Menschen, auch in die Paarbeziehung und Partnerliebe, mit hinein.

Warum ist das so? Wachstum und Entwicklung sind zunächst unbewusst. Sie vollziehen sich tatsächlich von selbst. Wir Menschen sind aber auch bewusste Wesen. Was wir nicht in unser Bewusstsein hineingenommen haben, wird nicht voll zu unserer Wirklichkeit. Ein »unbewusstes« Ja zum anderen, wie es viele Paare leben, ist kein volles Ja. Genau dasselbe gilt natürlich auch umgekehrt: Ein bewusstes Ja, das nicht vom Unbewussten her gefüllt ist, sondern über dieses einfach hinweggeht, wird nicht lange tragen. Aber auch wenn wir bei aller »unbewussten« Zuneigung das bewusste Ja vermeiden, wird sich der andere nicht voll gemeint fühlen. Erst wenn ich eine bewusste, willentliche, ausdrückliche Entscheidung für ihn gefällt habe, erst dann bin ich ganz bei ihm angekommen, erst dann wird meine Zuneigung auch Hingabe.

Ein Zweites: Wir Menschen sind leibliche, sinnenhafte Wesen. Wirklichkeit wird etwas für uns erst, wenn wir es auch sehen, greifen, anfassen können. Darum muss die Entscheidung für eine Beziehung nicht nur bewusst gefällt, sondern sie muss auch sichtbar gemacht werden. Dem entspricht es, dass Eheschließungen auch juristisch formuliert und mit Symbolen umgeben werden, dass man zum Standesamt, in die Kirche geht, unterschreibt, Ringe tauscht und ein Fest feiert.

Dabei gibt es keinen bruchlosen Übergang von der Entwicklung zur Entscheidung. Die Entscheidung bringt eine wesentlich neue Qualität in die Beziehung. Dies stellen alle Paare fest, auch wenn sie nach jahrelangem Zusammenleben den Schritt zur Heirat machen. »Ich habe nicht gedacht, dass es doch etwas anderes ist, verheiratet zu sein, als einfach zusammenzuleben«, solche und ähnliche Sätze höre ich immer wieder. Die bewusste, in äußeren Formen ausdrücklich gemachte Entscheidung bringt etwas qualitativ Neues. Sie bedeutet immer auch einen Sprung. Selbst die seltenen Menschen, die das Glück haben, plötzlich zu »wissen«, dass es jetzt soweit ist und die Entscheidung gefällt werden muss, empfinden immer noch einen Rest von Dunkelheit und damit ein Risiko. Die Entscheidung erstreckt sich ja auf die Zukunft, und ich habe nur Erfahrung mit der Vergangenheit und dem jetzigen Augenblick. Ich weiß nicht, was die Zukunft bringen wird. Trotzdem entscheide ich mich auch für die Zukunft. Das ist das Risiko, das mit unserer menschlichen Existenz gegeben ist. Wir können ihm nicht ausweichen, es macht zu einem wesentlichen Teil unser Leben und unser Zusammenleben aus. Erst wenn ich mit dem anderen die dunkle Zukunft wage, wird sich unsere gemeinsame Gegenwart mit Sinn füllen. …

Vielleicht sieht es nach dem Gesagten so aus, als sei ich der Ansicht, für eine gelingende Paarbeziehung brauche es den Trauschein, womöglich sogar die kirchliche Eheschließung. Mir kommt es nicht auf die juristische Form als solche an, auch nicht auf dieses oder jenes Ritual. Es geht hier für mich nicht um weltanschauliche Argumente. Ich bin mir auch bewusst, dass es die verschiedensten und sehr berechtigten Gründe geben kann, aus denen heraus sich ein Paar gegen eine formelle Heirat vor dem Staat oder der Kirche entscheidet. Es geht darum, dass ein symbolischer, ritueller und öffentlicher Akt eine große Hilfe sein kann für die »Verleiblichung« der Entscheidung des Paares. Damit wird der Übergang in eine neue Lebensphase eindeutig markiert. Dafür ist ein Ritual, das öffentlich und gemeinschaftlich vollzogen wird, von unschätzbarem Wert. Man kann immer wieder beobachten, wie Paare, die sich aufeinander wirklich einlassen, auch wenn sie sowohl zur staatlichen wie zur kirchlichen Institution in großer Distanz stehen, aus ihrem eigenen Erleben heraus nach Möglichkeiten suchen, den Schritt ihrer Entscheidung füreinander rituell zu begehen. Das muss nicht vor dem Standesamt und nicht vor dem Geistlichen sein. Ich kenne eine Reihe von Paaren, die aus ihrem eigenen Unbehagen mit der herkömmlichen Form eigene Rituale entwickelt haben, mit denen sie im

Kreis ihrer Freunde diesen Akt ausdrücklicher Beziehungsdefinition zum Ausdruck gebracht und gefeiert haben.

Ich habe immer wieder anklingen lassen, dass man es nicht einfach der Entwicklung überlassen kann, sondern Entscheidungen gefordert sind, weil es bei der Beziehung zwischen Mann und Frau um Verbindlichkeit geht. Eine Liebe zwischen Mann und Frau, die das Stadium der ersten Verliebtheit verlassen hat, tendiert auf Verbindlichkeit, sonst gleitet sie in Beliebigkeit ab. Mit Verbindlichkeit ist aber der Anspruch auf Dauer gegeben. Die Wachstumsideologie versucht sich um diesen Anspruch herumzudrücken und diffamiert ihn als Streben, den anderen zu besitzen. Dieses Streben gibt es natürlich, und man muss sich immer wieder klarmachen, dass man kein Besitzrecht auf den anderen hat und dass ständiges Loslassen ebenfalls zur täglichen Übung in der Paarbeziehung gehört. Aber der Anspruch auf Verbindlichkeit und Dauer hat nichts mit Besitzstreben zu tun. Es entspricht im innersten Kern der Hingabe aneinander. Wenn ich wirklich sage: »Ich bin dein Mann«, »Ich bin deine Frau«, entsteht Verbindlichkeit und der Anspruch auf Dauer. Und umgekehrt: Wenn ich Dauer und Verbindlichkeit von vornherein ablehne, lasse ich mich auf die Beziehung nicht ganz ein und relativiere sie von vornherein. Damit aber rückt sie der Wichtigkeit nach aus dem Zentrum und gerät unter »ferner liefen«, was weder mir noch dem anderen noch unserem gemeinsamen Bedürfnis nach einer zentral wichtigen Beziehung gerecht wird. Wenn ein Paar diese Entscheidung füreinander fällt, sagen sie zueinander: »Ich will dich ganz als Mann.« – »Ich will dich ganz als Frau.«

»Ganz«: Das schließt auch die zeitliche Dimension, die von unserer Existenz nicht zu trennen ist, mit ein. Nur eine solche Entscheidung lässt den anderen letztlich nicht allein, nur sie bedeutet Hingabe, nur sie schafft wirkliche Intimität.

Mit Verbindlichkeit und Dauer sind wir bei einem weiteren heiklen Thema angelangt, beim Thema der »Unauflöslichkeit« der Ehe. Um kein Missverständnis aufkommen zu lassen: Eine quasi gesetzlich festgelegte und mit dem formalen Akt der Eheschließung in Kraft tretende Unauflöslichkeit der Ehe, wie sie von der katholischen Kirche gelehrt wird, lehne ich ab. Mir ist bewusst, wie viel Unheil gerade diese Lehre angerichtet hat, weil sie dafür mitverantwortlich ist, dass Ehen unter menschenunwürdigen Bedingungen aufrechterhalten werden mussten. Doch bin ich der Überzeugung, dass der Hingabe zwischen Frau und Mann eine *innere* »Unauflöslichkeit« zukommt. Die Liebe fordert eine Entscheidung, die mich ganz betrifft, die den anderen ganz betrifft, die also, wenn sie überhaupt eine Entscheidung füreinander ist, zeitlich nicht begrenzt und auch nicht von vornherein an bestimmte Bedingungen geknüpft werden kann, nach dem Motto: »Wir wollen zusammenbleiben, solange wir uns gut verstehen …«

Diese Art von »Unauflöslichkeit« ist nicht gesetzlich vorgegeben und kann auch nicht unter Berufung auf den formellen Akt der Eheschließung eingeklagt werden. Sie hängt an der Ernsthaftigkeit der Entscheidung füreinander. Sie ist nicht ein vorgegebenes, unveränderbares Gesetz, sondern muss im Vollzug immer wieder neu errungen werden. Das hießt: Ob das unauflösliche Band überhaupt geknüpft wird, ob es hält oder wieder zerreißt, liegt nicht vollkommen in der Verfügbarkeit der beiden Partner. Es kann sich herausstellen, dass sie, obwohl sie es wollen, zum Zeitpunkt da sie das Ja zueinander gesprochen hatten, zu einer solchen Entscheidung noch gar nicht reif waren. Dann »greift« diese Entscheidung nicht, das Band kommt gar nicht zustande. Oder es kann sein, dass die Liebe und die Verbindlichkeit, die zwischen ihnen da waren, durch ihr unachtsames Verhalten verspielt werden, zum Beispiel durch die Verletzung, die entsteht, wenn eine lange Zeit verheimlichte Außenbeziehung offenbar wird, oder aber auch durch die Relativierung einer Beziehung, die entsteht, wenn sich die Partner – liberal und großzügig – Außenbeziehungen grundsätzlich zugestehen. Was ursprünglich vorhanden war, kann durch solche Ereignisse und Vereinbarungen wieder verloren gehen, durch Schuld oder Schicksal, und dann hat es natürlich keinen Sinn, aufgrund eines formalen Anspruchs auf Unauflöslichkeit die Beziehung aufrechtzuerhalten. Schließlich kann es auch sein, dass das Leben uns auf andere Wege führt, als wir gewollt haben. Es kann sein, dass gegen unsere Absicht und unser Wollen, die auf Verbindlichkeit gingen, der Sinn der Beziehung darin lag, lediglich eine Zeitlang zusammen zu sein, um bestimmte Aufgaben aneinander zu erfüllen, zum Beispiel die Lösung innerer Abhängigkeiten und die Läuterung unserer symbiotischen Wünsche, dass sich aber dieser Sinn nun erschöpft hat, die Wege auseinanderführen und wir uns trennen müssen.

Alle diese Möglichkeiten sind gegeben, aber ich kann sie nicht vorwegnehmen, indem ich eine definitive Entscheidung vermeide oder indem ich in die Entscheidung bestimmte Bedingungen einbaue. Darum erscheint mir zwar ein »Gesetz« der Unauflöslichkeit als unsinnig, und dennoch halte ich es für höchst angemessen, uns bei der Hochzeit zu sagen, dass wir zueinander stehen wollen, »... bis der Tod uns scheidet«. Das allein entspricht der Unbedingtheit der Liebe, die entsteht, wenn Frau und Mann sich aufeinander einlassen.

Vertrauen ist gefährlich,
schwer und unumgänglich.
Gernot Candolini

Im Zweifel:

Von guten Mächten wunderbar geborgen

Inmitten der Not

Karlfried Graf Dürckheim

»In der Welt haben wir Angst …«, aber so mancher hat es erfahren, wenn der Tod ganz nahe war, zum Beispiel in Bombennächten, in schwerer Krankheit oder in anderen Lagen drohender Vernichtung, wie gerade in dem Augenblick, in dem die Angst ihren Höhepunkt erreichte, der Tod unausweichlich war und endlich die natürliche innere Abwehr zusammenbrach, dass er, wenn er sich jetzt freiwillig unterwarf und vielleicht nur für den Bruchteil einer Sekunde die für den natürlichen Menschen unannehmbare Situation annahm (also vom Ich her gesehen, das ja immer »bleiben« will, eine völlig paradoxe Handlung beging), schlagartig ganz ruhig wurde, unversehens von aller Angst befreit, und spürte, ja mehr, mit einem Mal wusste, dass etwas in ihm da und lebendig ist, an das kein Tod und keine Vernichtung herankommt, ja mit dem, was in der Welt »Tod« heißt, überhaupt nichts zu tun hat. Für einen Moment war es ihm klar: »Wenn ich je hier wieder herauskomme, dann weiß ich ein für alle Mal, von woher und auf was hin ich zu leben habe.« Der Mensch weiß nicht, was es ist, das er da erlebt, wer es ist, als den er sich für einen Augenblick erfuhr, aber er fühlt sich plötzlich wie ein anderer und in einer anderen Kraft. Er weiß nicht, woher, und weiß nicht, wozu. Er weiß nur: Ich stehe in einer unvernichtbaren Kraft. Hier wurde der Mensch vom Sein angerührt. Es trat in sein Innesein, das heißt, das Sein konnte Innesein werden, weil das natürliche Ich nachgab und das Gehäuse zerbrach, darin er sich selbständig eingerichtet, damit zugleich aber dem Sein gegenüber verstellt hatte.

Die eigene Freude wiederfinden

Anselm Grün

Das Bild des Baumes, auf den man als Kind gerne geklettert ist, und das Bild der Höhle, in die man sich zurückgezogen hat, habe ich öfter gehört, wenn ich Menschen nach den Spuren der eigenen Lebendigkeit gefragt habe. Offensichtlich sind dies zwei ganz wichtige Grundmuster, die uns gut tun. Eine andere Frau erzählte mir, dass sie immer dann, wenn der Vater zu viel getrunken hat und dann mit der Mutter gestritten oder die Kinder angeschrien hat, schmollend weggelaufen ist. Dann hat sie sich auf den Schaukelstuhl gesetzt, den der Großvater als Schreiner geschaffen hatte. Er hatte die Gestalt eines großen Schwans. Dort thronte sie und fühlte sich größer als alle anderen. Dort wuchs ihr Selbstwertgefühl. Sie spürte Stärke und Kraft in sich. Und dann begann sie einfach zu singen. Das Anschreien oder manchmal auch das Schlagen des Vaters hat sie als verletzend erfahren. Sie hat das mit ihrem Schmollen ausgedrückt, und gleichzeitig hat sie sich durch das Schmollen vom Vater distanziert. Sie hat sich vom destruktiven Einfluss des Vaters befreit. Aber sie ist nicht beim Schmollen stehen geblieben. Denn dann hätte sie dem Vater zu viel Macht gegeben. Auf dem Schaukelstuhl kam sie mit ihrer eigenen Würde und ihrem Selbstwertgefühl in Berührung. Auf ihrem Schwanenthron spürte sie, dass sie einen unantastbaren Wert hat. Vielleicht war auch gerade das Bild des Schwanes wichtig. Der Schwan ist ja ein stolzes Tier. In der Antike ist der Schwan wegen seiner Schönheit und Reinheit das Tier der Venus, der Göttin der Schönheit und der Liebe. In Indien reitet Brahma, der Schöpfergott, auf einem Schwan. Durch den

Schwan kam das Kind in Berührung mit seiner Liebe und Freude, seiner Stärke und Schönheit, mit seiner göttlichen Würde, die ihm kein Mensch rauben konnte, auch der Vater nicht mit seinen verletzenden Worten oder mit seinen Schlägen.

Auf dem Schwan sitzend begann das Mädchen zu singen. Das Singen führte es an die positiven Gefühle heran, die in ihm waren, an die Quelle der Freude, die unterhalb der Verletzung und der Schmerzen immer noch sprudelte. Und indem sie mit dieser Quelle der Lebensfreude und Lebendigkeit Kontakt aufnahm, verflog der Schmerz über die Kränkung immer mehr. Sie fühlte sich gut, im Einklang mit sich und der Welt, im Einklang mit Gott. Das war ein wichtiger Schritt der Selbstheilung. Es war aber auch genau ihre spirituelle Spur. Als sie mir von diesem Erlebnis erzählte, steckte sie in einer spirituellen Krise und wusste nicht mehr ein noch aus. Sie hatte den Eindruck, dass Gott für sie entschwunden sei. Alles, was sie bisher an spiritueller Praxis vollzogen hatte, war ihr abhanden gekommen und hatte sich verflüchtigt. Es war alles so unwirklich. Jetzt kam sie mit ihrer ganz persönlichen Spiritualität in Berührung. Sie erzählte, dass sie gerne Musik auflegte, um für sich selbst zu tanzen. Das sei so ein innerer Impuls. Aber von ihrer Erziehung her hatte das natürlich nichts mit geistlichem Leben zu tun. Jetzt erhellte sich ihr Gesicht. Sei spürte, dass dieses Tanzen und Singen genau an die geistliche Spur anknüpfen konnte, die sie selbst als Kind entdeckt hat. Sie brauchte nicht vergeblich weiterzuführen, was sie im Kloster an spiritueller Praxis auf sich genommen hatte. Indem sie dem inneren Impuls zum Singen und Tanzen folgte, war sie ein spiritueller Mensch.

Sie erzählte mir noch von einem anderen Ort, an dem sie sich ganz wohl gefühlt hat, an dem sie mit sich im Einklang war, an dem die Freude Ausdruck ihrer inneren Lebendigkeit war. Am liebsten spielte sie mit ihren Freundinnen in der kleinen Dorfkirche. Vor allem vor dem Marienaltar spielten sie gerne mit ihren Puppen. Sie zogen sie an und aus und legten sie in den Kinderwagen. Manchmal stiegen sie auch über die Bänke und schaukelten dort. Die Messnerin hatte offensichtlich Verständnis dafür. Sie ließ sie gewähren. Als Kind dachte sie natürlich nicht darüber nach, warum sie gerade in der Kirche und vor dem Marienaltar so gerne gespielt hat. Das Kind findet solche Orte unbewusst. Es weiß, was ihm gut tut, was seine Seele heilt. Maria verweist auf den mütterlichen und zärtlichen Gott. Ihre Mutter war eher kühl und distanziert. Da hat sie nie richtig Wärme erfahren. Sie hat immer Angst gehabt, dass der Vater sich über die Kinder aufregen und wieder Streit anfangen könnte. In der Kirche fühlten sich die Kinder sicher. Da konnten sie aufgehen in ihrem Spiel. Da störte sie niemand. Da war ein Schutzraum. Und es war ein geheimnisvoller Raum, voller Lebendigkeit und numinoser Ausstrahlung. Und es war offensichtlich ein mütterlicher Raum, voller Wärme und Weite, ohne Angst vor dem tobenden Vater. In ihrer religiösen Erziehung hatte sie gelernt, Gott als Vater zu sehen und seine persönliche Beziehung zu Christus aufzubauen. Das war jedoch letztlich ein vergeblicher Versuch, gegen ihre eigene Spur ein Gottesbild zu bilden. Die Erinnerung an das Spielen vor Maria gab ihr den Mut, Gott in seiner Mütterlichkeit und Weiblichkeit wahrzunehmen und zu lieben. Nicht der Gott, der von ihr etwas verlangte, sondern der Gott, vor dem sie spielen durfte, würde sie zur Lebendigkeit und zur Freude führen.

Das Leben ist verlässlich

David Steindl-Rast

Der Glaube des Herzens ist jene ursprüngliche Gläubigkeit, die wir alle auf Höhepunkten von Lebendigkeit erfahren haben. Und wie erleben wir da den Glauben? Als einfaches Vertrauen, als tiefe Zuversicht: als Zuversicht darauf, dass wir uns auf das Leben verlassen können, ohne fallen gelassen zu werden. In Augenblicken, in denen wir wirklich aus unserem Herzen leben, sind wir mit dem Herzen aller Dinge verbunden. Ganz spontan erkennen wir dann »die Zuverlässigkeit im Herzen aller Dinge«, wie Reinhold Niebuhr es so schön sagte. Ausgesprochen oder unausgesprochen liegt dieser Glaube an der Wurzel all unserer Überzeugungen. Er dient auch als Prüfstein unserer Überzeugungen. Sind sie echt, so drücken sie jene gläubige Grundüberzeugung aus und erinnern uns immer wieder an sie. …

»Zuverlässigkeit im Herzen aller Dinge« ist eine Erfahrungstatsache. Lebendiger, mutiger Glaube ist unsere spontane Antwort auf diese Erfahrung. Irgendwann einmal haben wir einen zeitlosen Augenblick lang an diese felsenfeste Wirklichkeit gerührt. Das ist genug, um ein für alle Mal zu wissen, dass wir uns darauf verlassen können: Wir haben nicht auf Sand gebaut. Wie viel Mut uns diese Erfahrung doch gibt, sooft wir uns daran erinnern! Aber selbst unter unserer Vergesslichkeit begraben bleibt diese Erinnerung lebendig, wie tief unter der Asche begrabene Glut. Könnten wir wirklich weiterleben, ohne irgendwo tief in uns den Glauben zu bewahren, dass wir uns auf das Leben verlassen können? Wenn wir uns verlassen – uns selbst, unser kleines ängstliches Selbst zurücklassen –, dann trägt uns das große Leben und wir wissen: Das Leben ist verlässlich. Ohne im Grund unseres Herzens jener Einsicht ja doch zu vertrauen, würden wir es gar nicht wagen, diese Wahrheit infrage zu stellen oder sie sogar zeitweise zu verleugnen. Im gegebenen Moment war es uns geschenkt, die Zuverlässigkeit des Lebens einzusehen, und der Glaube an jene Einsicht lässt uns weitermachen.

Manche nennen den Urgrund aller Zuverlässigkeit Gott, andere nicht. Alle aber glauben daran.

...

Wir alle fallen.
Diese Hand da fällt.
Und sieh dir andre an:
Es ist in allen.

Und doch ist einer,
welcher dieses Fallen
unendlich sanft
in seinen Händen hält.

Rainer Maria Rilke

Wer im Schutz des Höchsten wohnt

Psalm 91

Wer im Schutz des Höchsten wohnt
und ruht im Schatten des Allmächtigen

der sagt zum Herrn: »Du bist für mich Zuflucht und Burg,
mein Gott, dem ich vertraue.«

Er rettet dich aus der Schlinge des Jägers
und aus allem Verderben.

Er beschirmt dich mit seinen Flügeln,
unter seinen Schwingen findest du Zuflucht,
Schild und Schutz ist dir seine Treue. …

Denn er befiehlt seinen Engeln,
dich zu behüten auf all deinen Wegen.

Sie tragen dich auf ihren Händen,
damit dein Fuß nicht an einen Stein stößt;

du schreitest über Löwen und Nattern,
trittst auf Löwen und Drachen.

»Weil er an mir hängt, will ich ihn retten,
ich will ihn schützen, denn er kennt meinen Namen.

Wenn er mich anruft, dann will ich ihn erhören.
Ich bin bei ihm in der Not,
befreie ihn und bringe ihn zu Ehren.

Ich sättige ihn mit langem Leben
und lasse ihn schauen mein Heil.«

segen für waisenkinder

Siegfried Eckert

wenn du dich
auf den Weg machst
schau nicht länger als nötig
in den himmel
halte dich fest
an gottes geboten

wenn du dich
auf den weg machst
verharre nicht länger als nötig
in deiner trauer
sonst lass dich anrühren
von gottes geist
er eröffnet dir neues leben

wenn du dich
auf den weg machst
ziehe nicht
als waisenkind
einsam von dannen
sondern
sei gewiss
gott begleitet dich
mit seinen engeln
er reicht unseren toten
im himmel seine hand
und steht dir auf erden
unsichtbar zur seite

Warum ein Leben voller Bitterkeit und Mühe?

Manfred Kock

Der Mensch vom Weib geboren
lebt kurze Zeit
und ist voll Unruhe –
geht auf wie eine Blume
und fällt ab
und flieht wie ein Schatten
und bleibt nicht.
Hiob 14,1–2

Vergänglich ist der Mensch, in den Strom des Vergessens gerissen, die Tage fliegen schnell dahin, vor Augen ist das Land ohne Wiederkehr. Ein Baum kann wieder austreiben und neu erblühen – der Mensch nicht.

Wer sind wir – wir Menschen und wozu? Was machen wir aus unserem Leben? Was bleibt davon?

Die Welt steht uns offen. Keine Zeit zuvor hatte diese Möglichkeiten. Das Wissen wächst ins Unermessliche. Die Fertigkeiten sind erstaunlich.

Aber selbst die Satten quält der Hunger. Der Überfluss schreit nach Sinn, und Überdruss braucht immer neue Zerstreuung.

Hiob ist eine Gestalt jüdischer Dichtung. Dem Buch Hiob, wohl 2500 Jahre alt, in 42 Kapitel gegliedert, liegt eine Volkserzählung zugrunde, die Sage vom gerechten Hiob. Sie umfasst die beiden ersten Kapitel und den Schluss des Buches. Ein Frommer und Gerechter gerät ins

Unglück. Eine Wette zwischen Gott und Satan hat ihr Opfer gefordert. Ob er gerecht und fromm sei, nur solange es ihm gut gehe, oder auch dann noch, wenn er ins Leiden geriete, darum geht die Wette. Der Satan ist Symbol für alle, die ein kaufmännisches Verhalten zur Religion haben: »Nimm ihm den Reichtum und sein Glück, dann wird er den Glauben verlieren.« Man muss doch etwas davon haben, wenn man glaubt.

Aus des Satans Mund klingt das wie ein mittelalterlicher Irrweg, ist aber ewig wiederkehrende und höchst moderne Verstrickung. Merkwürdig, der Teufel wird als Schwefelgespenst so unwirklich abschreckend gemalt. Nur selten trägt er eine verführerische Larve. In Wirklichkeit aber ist Satan die aktuellste Figur, die man sich denken kann. Er ist die Stimme, die fragt: »Was bringt mir das? Mein Glaube an Gott muss Nutzen bringen, und meine Moral muss sich auch in meinem Befinden und in meinem Erfolg auszahlen.«

Gibt es eine selbstlose Frömmigkeit, kann einer ohne Absicht auf Gott vertrauen? Wenn der Glaube nach Lohn schielt und die Moral käuflich wird, verderben die Preise, und es legen sich teuflische Brocken in den Weg zu Gott.

So meint es die Weisheit der alten Volkserzählung von Hiob, dem treuen Dulder. Hiob besteht die Probe. Am Ende wird er belohnt und kommt wieder zu Ehren. Aber bevor es dazu kommt, sitzt Hiob in der Asche und schabt sich seine Schwären – alles hat er verloren, seine Kinder, seine Habe, die Ehre und das Ansehen. Schutzlos und krank ist er, ein Spielball der Spötter und der eigenen Zweifel. Er fordert Gott in die Schranken des Gerichts und will Auskunft über Ursache und Sinn seiner Leiden. Sein »Warum?« ist die Menschheitsfrage. Es ist die Frage vom Müllhaufen her.

Die Bilder kennen wir aus Lima und Kalkutta, aus Ruanda und Somalia, aus Äthiopien und Angola, aus dem

Kongo und Pakistan. Kann man angesichts des Leidens der Welt auf Gott vertrauen? Und was haben Menschen in der Nachfolge des Christus zu erwarten? Es gibt keine Rechtfertigung dafür, dass Menschen das Nötigste vorenthalten wird.

»Das hat keinen Sinn!« So klagen Menschen, seit es sie auf dieser Welt gibt.

In langen Kapiteln, die ein Dichter in die Volkserzählung vom frommen Dulder Hiob einfügte, ringt ein Mensch mit dem Unglück. Er bleibt nicht allein. Drei Freunde besuchen Hiob: Elifas aus Teman, Bildat aus Schuach, Zofar aus Naama. Sie hören seine Klage und versuchen darauf zu antworten. Das ist menschliche Art: Wenn etwas schon nicht zu ändern ist, so will man es wenigstens verstehen, will wissen, warum das Unheil geschehen ist. Im Denksystem der Freunde hat jedes Unglück seinen Grund. Zumeist ist menschliche Schuld die Ursache, konkreter noch: die Schuld dessen, den das Unglück ereilt. Aber die Freunde scheitern mit ihren Argumenten. Ihre Sätze sind nicht falsch. Sie sind sogar alle richtig, und dennoch taugen sie nicht, Hiobs Klage zu beantworten. Auch als schließlich noch ein vierter Freund auftaucht, bleibt es bei der Vergeblichkeit richtiger Sätze. Dieser vierte bietet all seine religiösen Grundsätze auf, um das Ergehen des Hiob zu erklären. Aber solche Lehre – und sei sie dogmatisch noch so richtig – taugt nicht zur Antwort auf leidende menschliche Existenz.

Hiob ist keine einzelne Gestalt, er ist vielmehr umfassende Symbolfigur aller Menschheitsleiden geworden. Er steht für

- die Leiden des Einzelnen, der sich quält mit Krankheit, Verlust und Tod, der geschunden wird von grausamen Menschen;
- die Leiden der Armen und Ausgebeuteten, die Spielball sind von Systemen und Machtverhältnissen und die sich

nach Befreiung sehnen und schreien: »Herr, wie lange noch?«;
- die Leiden vor allem des jüdischen Volkes, des gerechten Knechtes, eine leidvolle Menschheitsgeschichte lang, gipfelnd in den Qualen des Holocaust.

Angesichts allen Leids schreit Hiob »Warum?«, bis er stumm wird und war doch gerade darin auf die Wahrheit aus.

Wenn alle Ordnung, alle Gebäude von Ursache und Wirkung, von Lohn und Vergeltung zerbrechen, wenn Zufälliges, irrational Erscheinendes widerfährt, wenn unerklärliches Leid und Unglück sich nicht zähmen lassen, weder in Erklärungen noch in Gedanken, bleibt nur noch der Weg der Dichtung. Die Kunst vermag auch das Ende des Fragens noch zu transzendieren. Wohl darum begleitet Dichtung die Grundfragen der Menschheit. So geht es auch im Hiobgedicht um die uralte unbeantwortete – und wohl auch unbeantwortbare – Frage »Warum?«. In Nelly Sachsens Hiobgedicht lautet eine Zeile: »Deine Stimme ist stumm geworden, denn sie hat zuviel Warum gefragt.«

Um unter der Vergänglichkeit von Gesundheit, Besitz, Familie, Sicherheit, Ehre und angesichts dessen unter der Vergänglichkeit des menschlichen Lebens zu leiden, braucht man nicht Hiob zu sein. Hiobs Leiden ist radikaler. Er lehnt sich auf gegen Gott. Seine Klage gipfelt in der Gottesirritation. Er weiß und bleibt dabei: Sein Leiden hat mit Gott zu tun, aber er weiß nicht, warum. Er erkennt Gott nicht in dem, was ihm widerfährt. Darum fragt er unablässig und rebelliert gegen das Dogma von Gottes Gerechtigkeit. Bis heute geleitet das Buch Hiob die Menschheit in ihrer Rebellion bis an die Ränder der Existenz und hilft Fragen zu stellen, Klagen auszusprechen und am Ende auch das Schweigen auszuhalten.

Die Fragen bleiben. Kann Gott Unrecht und Leiden der

Welt nicht verhindern? Will er es nicht? Ist er gar der Urheber des Leides und warum?

Der Versuch, Gott vor dem Forum menschlicher Anklagen mit Vernunftgründen zu rechtfertigen, rettet den Glauben nicht. Die Argumente der Freunde Hiobs gehen ins Leere. Dennoch ist es gut, diese fiktive Gestalt des Hiob zu haben. An ihm können Menschen ihre Leiden spiegeln, ihre Fragen stellen und ihre Erfahrungen prüfen.

Das Leiden ist immer gegenwärtig, auch wenn es nicht so empfunden wird. Leiderfahrungen sind unterschiedlich, je nachdem, ob Menschen Schmerzen in sich tragen oder ob sie gerade verschont sind und nur die Beobachtung fremden Leidens die eigene Verwundbarkeit bewusst werden lässt. Zum Leiden, das noch frisch ist und das Herz zerreißen will, stehen Menschen in einem anderen Verhältnis, als wenn sie es aus ihrer Erinnerung verdrängt haben. Wer auf bewältigtes Leid zurückblickt, kann erkennen, wie diese Erfahrung ihn hat reifen lassen, kann das sogar mit Dankbarkeit empfinden. Doch das geht nicht, solange die Wunden noch offen sind und die Narben noch schmerzen.

Menschliches Leiden erreicht im 20. Jahrhundert einen Gipfel im Holocaust. Das Grauen des industriellen Massenmords am jüdischen Volk ist einmalig. Das unbeantwortbare »Warum?« markiert für viele das Ende der Rede von Gott, »der alles so herrlich regieret«. Dabei mögen die Qualen der Menschen in biblischer Zeit nicht leichter zu tragen gewesen sein. Sklaverei, Verwüstung, Mord, Krieg und auch die Schrecken von Naturkatastrophen aller Art gab es die ganze Menschheitsgeschichte hindurch. Wie kommt es, dass der Glaube an Gott nicht daran zerbrochen ist?

In der Hiobdichtung ergeht Gottes Antwort »im Wettersturm« (Hiob 38–41): eine Gotteserscheinung, eine Theophanie als Antwort auf Hiobs »Warum?«. Diese Antwort scheint als solche keine Antwort zu sein. Was Hiob als »Antwort« erlebt, sind Schöpfungsbeschreibungen. Hiobs Gottesirritationen beantwortet Gott mit dem Hinweis auf die unendliche Überlegenheit des Schöpfers. Hiob erkennt: Nicht der Mensch und schon gar nicht Hiob selber ist der Mittelpunkt der Schöpfung, um den sich alles drehen muss. Und am Ende sagt Hiob: »Nun hat mein Auge dich gesehen« (Hiob 42,5), und ist versöhnt mit allen Rätseln.

Keine Philosophie, keine systematische Theologie, keine logische Lösung gibt es für die Frage des Hiob und für das »Warum?« der Menschheit. Es ist die Begegnung mit dem lebendigen Gott, sie nimmt den Klagen das Gewicht und lässt sie schließlich verstummen, nicht resigniert, sondern geläutert. Das Leiden löst sich nicht, aber ein Weg wird gezeigt, der einzige, der die Gottesirritation beendet. Es ist der Weg der Begegnung.

Hiob will, dass Gott aus seiner Unkenntlichkeit, aus seiner Dunkelheit, aus seiner Verhüllung heraustritt. Die Schrecken, denen die Menschheit ausgesetzt ist, sind unendlich. Im System von Lohn und Strafe wirken sie wie eine Inszenierung Gottes. Wie kann Gott das zulassen? Die uralte Frage der Menschheit wird immer wieder durchlitten. Hiob lässt sie durch nichts – nicht durch die Tiefe seines Leidens, nicht durch seine Verzweiflung, nicht durch den Rat und den Trost der Freunde – davon abbringen, Gott zur Antwort zu zwingen. »So klammert sich der Schiffer doch zuletzt am Felsen fest, an dem er scheitern sollte« (Goethe, *Torquato Tasso*). Das ist die alte Menschheitsweisheit. Im ersten Buch Mose steht die Geschichte von Jakob, der mit Gott kämpft am Jabbok, der nicht ablässt von ihm, ehe er gesegnet ist, und der aufwacht und fortan hinkt bis an sein Ende. Aber er hatte nicht losgelassen und bekam die Antwort Gottes, der sich ihm zu erkennen gab.

Hiob will Erklärungen, will aus seiner menschlichen Begrenztheit heraus eine andere Dimension zur Erklärung zwingen. Von sich aus erreicht Hiob in seiner Suchbewegung den logischen Übergang von seiner Frage »Warum?« zu einer ihm mitvollziehbaren Antwort nicht.

Gottes Reaktion ist keine Antwort im buchstäblichen Sinn, sie widerfährt als Begegnung. Gott hört auch in seiner »feindlichen« Gestalt nicht auf, Hiobs Freund zu sein.

Darin, dass Hiob auf einer Antwort besteht, hat er unrecht und hat doch recht zugleich. Am Ende bringt Gott Hiobs Recht ans Licht, nennt ihn den verlässlichen Knecht. Die Begegnung geht von Gott aus, denn Gott gibt sich selbst zu erkennen, in seinem unendlichen Licht.

Weil es Gott gibt, war er auch in Hiobs Leid, war er auch in Auschwitz. Wie er da war, ohne es zu verhindern, Hiob weiß es nicht. Hiob braucht es nicht mehr zu wissen. Auch in Auschwitz gab es Menschen, die sich nicht verlassen fühlten. Es gibt heute und immer wieder Menschen, die im Äußersten zu sagen lernen: »Ich bin nicht verlassen«, und werden durch dieses Bekenntnis getragen, auch wenn die äußeren Bedingungen sich nicht ändern.

Das Buch Hiob bezeugt Gott als eine Kraft, als ein Energiestrom, der auch in Phasen des Leidens am Werk sein kann, wo menschliches Wollen nichts mehr bewirkt. In seinem seelischen Prozess bleibt Hiob an der Energiequelle, die ihn schließlich verwandelt. Das Leid wird nicht erklärt, aber es wird von Hiob angenommen. Hiob erlebt dies nicht nur als geänderte Perspektive, sondern als die umfassende Wende seines Lebens. Nicht theoretisch wird erklärt, was Leiden mit Gott zu tun hat, Gottes Beziehung ist vielmehr Hiobs Lebensvollzug. Gottes Liebe bewahrt nicht vor dem Leid, aber sie trägt im Leid. Die Welt ist chaotisch, darin behält Hiob Recht. Aber es gibt diese schöpferische Kraft, die die Welt davor bewahrt, dass sie im Chaos völlig versinkt. »Wer bändigt selbst Behemot und Leviatan?«, fragt Gott den Hiob (Hiob 40,15–25). Die Ungeheuer der Tiefe sind Symbole der Abgründe des

Bösen und der menschlichen Bosheit. Gott garantiert keine Harmonie, aber er sorgt dafür, dass die Welt nicht im Chaos versinkt.

Wir deuten Hiob von Jesu Kreuz und Auferstehung her. Oder besser: Wir erleben Jesu Kreuz durch die Hioberfahrung plastisch. Hans Küng sagt: »Hiob und Jesus sind Schmerzensbrüder.« Hiob ist der Zeuge des wahrhaftigen Zeugen Jesus Christus. Die ausgebreiteten Arme des Mannes am Kreuz sind nichts anderes als Gottes verwirklichte Nähe in den Dunkelheiten des Leidens. Wir brauchen nichts vorzubringen an Würde und Leistung, weil uns alles geschenkt wird, was im Tiefsten zu tragen vermag. Am Kreuz hing einer, der mit uns »Warum?« in das Dunkel ruft. Ihm nachzufolgen bedeutet, nicht das Leid zu suchen, sondern dagegen zu kämpfen, wo wir können. Es gibt im Kampf eine Grenze, die wir nicht zu überwinden brauchen. Gestehen wir uns das ruhig ein und bleiben wir nüchtern. Wir müssen nicht hinter alle Rätsel schauen. Wir sind vom Wahn befreit, Sinn nur dort zu sehen, wo alle Rätsel gelöst und alle Wunder verstanden sind.

»In jenen Tagen«, sagt Jesus, »werdet ihr mich nichts mehr fragen.« Darin spiegelt sich die Hoffnung, dass der Riss, der durch diese Welt geht, vom Ewigen her geheilt werden wird.

alles schmerzt sich einmal durch
bis auf den eignen grund und
die angst vergeht
schön die scheune die nach
längst vergangenen ernten leer
am wegrand steht.
Jan Skácel

Nicht aufhören

Katharina Schridde

In unserer gegenwärtigen Welt von Hoffnung zu sprechen, ist allein schon ein kühnes Unterfangen, vielleicht eine Torheit. Allerdings ist genau dies die Eigenart der Gotteslieblinge und Propheten und Apostelinnen durch alle Zeiten hindurch: In kühner Torheit und heilig-närrischer Verschwendung haben sie gegen allen Augenschein von einer Hoffnung gesprochen, der der lebendige Gott selbst zu spotten schien. Kein Grund, damit aufzuhören – auch und gerade dann, wenn dieser Gott uns scheinbar vom Gegenteil überzeugen will.

In einer von Elie Wiesel überlieferten Geschichte heißt es so:

»Bei einem der Nachbarn des Rabbi Mosche Löb waren mehrere Kinder nacheinander in zartem Alter gestorben. Die Mutter vertraute eines Tage ihren Kummer der Frau des Zaddik an: ›Was für ein Gott ist denn der Gott Israels? Er ist grausam und nicht barmherzig. Er nimmt, was er gegeben hat.‹

›Du darfst nicht so reden‹, sagte die Frau des Zaddik, ›so darfst du nicht reden. Die Wege des Himmels sind unergründlich. Man muss lernen, sein Schicksal anzunehmen.‹

In diesem Augenblick erschien Rabbi Mosche Löb auf der Türschwelle und sagte der unglücklichen Mutter: ›Und ich sage dir, Frau, man muss es nicht annehmen! Man muss sich nicht unterwerfen. Ich rate dir zu rufen, schreien, zu protestieren, Gerechtigkeit zu fordern, verstehst du mich, Frau? Man darf es nicht annehmen.‹«

Das ist die Hoffnung, die der Geist Gottes verleiht – gegen allen Augenschein zu glauben, zu hoffen, zu lieben auch und gerade gegen Gottes Handeln selbst, sofern es Seinen eigenen Offenbarungen und Verheißungen widerspricht. Aus dieser Kraft lebt die ganze Heilige Schrift, die ganze jüdische und christliche Tradition. Wenn es diese Kraft nicht mehr gäbe in dieser Welt, wir wären wohl längst verloren. So aber begegnen sich Gott und Mensch weiter Tag für Tag in einem Ringen miteinander, und nicht immer ist klar zu erkennen, ob es ein Kampf zum Leben oder zur Verzweiflung ist – aus unserer Sicht jedenfalls nicht. Aus der Sicht Gottes mag es anders sein, für Ihn ist jede und jeder, die es wagt, sich in diese lebendige und liebende Beziehung hineinziehen zu lassen, eine Gesegnete und ein Neugeborener in Seinem Geist.

Gegen alle Hoffnung hat
Abraham voll Hoffnung
geglaubt.
Die Bibel. Römer 4,18

Was spricht für die Hoffnung?

Anselm Grün

In allen Menschen aller Religionen und Kulturen ist diese Hoffnung da, dass die Liebe stärker sei als der Tod. Im Alten Testament hießt es im Hohenlied der Liebe: »Stark wie der Tod ist die Liebe, die Leidenschaft ist hart wie die Unterwelt« (Hoheslied 8,6).

Nun könnte man sagen, diese Hoffnung sei eine emotionale Hilfe für die Menschen. Mit dieser Hoffnung können sie an ihrer Liebe festhalten. Doch wenn die Hoffnung ein bloßer Trick ist, damit die Menschen lieben können, dann wäre das zu wenig. Es ist eine Frage der Entscheidung, ob wir unserer Hoffnung trauen oder ob wir sie nur als psychologischen Trick der Natur ansehen. In der Hoffnung liegt zumindest das Vertrauen, dass sie nicht ins Leere geht, sondern der Wirklichkeit entspricht. Aber beweisen kann man das nicht. Das ist Sache des Glaubens. Ich darf und soll im Glauben »springen«. Ich darf die »Wette« riskieren. Ich darf mich für diese Karte der Hoffnung entscheiden. Die Alternative wäre: Ich bleibe immer Zweifler. Wenn ich mich so entscheide, wird aber alles absurd in unserer Welt. Dann können wir keinem Gefühl und keiner Erkenntnis trauen, weder dem Glauben, noch der Hoffnung, noch der Wissenschaft. Denn auch die Wissenschaft stellt nur Hypothesen auf. Und im Blick auf existentielle Fragen kann auch sie keine Gewissheit bieten.

Natürlich ist die Alternative denkbar: dass nicht die Liebe, sondern der schweigende Unsinn die letzte Realität ist. Aber wenn ich diese Alternative zu Ende denke, mit allen Konsequenzen, dann steigt in mir ein tiefes Gefühl hoch, dass es so nicht sein kann. Oder zumindest kann ich mir vorsagen: »In dieser Welt, wo alles letztlich Unsinn ist, will ich nicht leben. Ich entscheide mich für eine andere Welt, für die Welt, in der die Liebe die letzte Realität ist.« Ob diese Entscheidung der Wahrheit entspricht, werde ich immer wieder in meinem Leben erfahren. Ich lebe mit dieser Entscheidung und beobachte mich, wie es mir mit dieser Entscheidung geht. Und ich habe den Eindruck, dass es mir damit besser geht als mit der gegenteiligen Entscheidung. Aber ich werde auf diesem Experimentierweg immer wieder auch Bestätigung erfahren, dass das Experiment der Wirklichkeit gerecht wird. Wenn ich mitten in meiner Einsamkeit, in meiner Traurigkeit, in meiner Verzweiflung auf dem Grund meiner Seele eine Quelle von Liebe spüre, dann weiß ich: Es stimmt. Die Liebe ist der letzte Grund meines Lebens, der Grund, auf den ich setzen kann. Es ist letztlich ein göttlicher Grund. Es ist nicht nur das Gefühl meiner Liebe, sondern die Liebe als Qualität des Seins, die Liebe als göttliche Qualität. Oder wenn mich ein Wort Jesu so tief trifft, dass ich spüre: Dieses Wort der Liebe fällt jetzt in mich hinein. Christus, der den Tod überwunden hat, sagt mir jetzt dieses liebende Wort. Und er wird mich im Tod mit dem gleichen Wort der Liebe begrüßen. Solche Erfahrungen, die ich in diesem Leben mache, können meinen Glauben bestärken, dass die Liebe auch über dieses Leben hinaus stärker ist als der Tod.

Vertrauen: Tragender Grund

Hans Küng

Niemand kann heute mehr übersehen, dass vieles von dem, was neben Arbeit und Erlebnis Sinn zu vermitteln half, mit in die Krise geraten ist, weil die Werte-Basis unserer Gesellschaft von einer langsam für alle offenkundigen Erosion befallen ist. Auch wenn vieles nur Wertewandeln und nicht Werteverlust ist, so ist doch klar: Die bisherigen Sinn-Systeme haben vielfach ihre Kraft verloren:

Die *Kirchen* sind weithin zu Dienstleistungsbetrieben geworden, die als Wertinstanzen aufgrund ihrer eigenen Starrheit und Sturheit (»katholisch«) oder oft auch ihrer Substanz- und Profillosigkeit (»evangelisch«) nicht mehr ernst genommen werden und so bei der Sinnvermittlung versagen.

Die *Tradition,* die uns bis 1968 einen zwar engen, aber doch in manchem hilfreichen Verhaltenskodex bot, hat sich im Säurebad der Kritik weithin aufgelöst; die ungeheure Rasanz der ökonomisch sozialen Entwicklung fordert darüber hinaus die Anpassung an zum Teil völlig neue Situationen.

Die *Moral,* die früher schon Kinder lehrte, was gut und böse, human und nicht human ist, hat sich vielfach in Beliebigkeit aufgelöst und hat die zehn Gebote weitgehend in Vergessenheit geraten lassen. »Anything goes« – in der Politik (der nackte Wille zur Macht gelobt als positive Eigenschaft von Politikern!), in der Wirtschaft (Korruption von bisher nicht erlebtem Ausmaß!) und schließlich im privaten Leben (Dekadentes und Perverses in der Sexualität als völlig »normale Unterhaltungsware«!).

Der Rat vieler Psychologen und Psychotherapeuten

lautet quasi unisono: Angesichts all der wissenschaftlichen, politischen und religiösen Revolutionen und Relativierungen und des immer offenkundigeren Sinnvakuums musst du den *Sinn in dir selber finden!* Arbeite an deinem Selbst, schöpfe deine Potentiale aus, entwickle selber deine Ziele, deine Moral, erfinde deinen Lebenssinn. Definiere selbst, was du für sinn-voll hältst, und bestimme, nach welchen Prinzipien du leben willst. …

»Verwirkliche dich selbst!« – ist dies wirklich der Sinn unseres Lebens? Gibt dies ein Gefühl der Kohärenz und Stabilität, das auch schwere Situationen durchhalten lässt?

Auch Psychologen und Psychotherapeuten sprechen neuerdings warnend von der »Selbstverwirklichungsfalle«, die schon manche Ehe zerbrechen und manche menschliche Beziehung in die Brüche gehen ließ. Die Selbstverwirklichungsfalle klappt in dem Moment zu, wo Selbst-Verwirklichung von Selbst-Verantwortung, von Mit und Welt-Verantwortung abgekoppelt wird.

Meinen Lebenssinn finde ich in meinem Selbst nur, wenn mein Selbst *offen ist für ein Du für das Wir,* für die Familie, die Kollegen, den Freundeskreis, kurz: für die Mitmenschen, die mit mir leben und auf die ich auch immer wieder angewiesen bleibe. Ein Selbstverwirklichungs-Egoismus, der sich für den Menschen nur interessiert, soweit dieser sich für die eigenen Zwecke nutzen lässt, führt nicht zum Glück, sondern – wiewohl meist zu spät bemerkt – zur Selbstisolation und zur Vereinsamung spätestens im Alter. Einen Lebenssinn finde ich nur, wenn ich mich nicht isoliere und nicht auf mich selbst fixiere, sondern mich übersteige auf ein anderes: auf einen anderen Menschen, eine Gemeinschaft oder auf eine Sache hin, in deren Dienst ich mich stelle; und dies auch, wenn in dieser Welt da draußen vieles fragwürdig, vieles unsicher, vieles enttäuschend ist.

Wir Menschen, und allein wir Menschen, sind sinnsuchende Wesen. Einen tieferen Lebenssinn gewinnen wir aber nur dadurch, dass wir unser Leben auf eine *Tiefendimension* hin öffnen – dadurch, dass wir bei allem Leben und Erleben, bei allem Arbeiten und verarbeiten in erster und letzter Instanz uns doch auf etwas verlassen, dessen Quelle nicht wir selber sind. Einen alles übergreifenden, alles umgreifenden Sinn im Leben gewinnen wir nur, indem wir inmitten aller Arbeit, inmitten allen Erlebens mit guten Gründen ein Vertrauen auf diese verborgene Wirklichkeit setzen: ein durchaus vernünftiges Vertrauen also auf jenen allerersten, allerletzten Sinngrund, der uns allesamt, mich und die Meinen, zu tragen, zu durchdringen, zu geleiten vermag, und den wir mit dem viel missbrauchten Namen Gott bezeichnen.

Durch die Bindung an diesen absoluten Sinn-Grund wird uns eine große Freiheit geschenkt: eine *Freiheit in allem Relativen* dieses Lebens. Dann stehe ich inmitten aller Arbeit nicht mehr unter dem unbarmherzigen Gesetz des Leisten-Müssens, aber auch nicht unter dem Zwang, der drohenden Langeweile durch ständige Erlebnisbefriedigung entkommen zu müssen. Ich bin dann weder Sklave der Arbeit, der keine Zeit für Muße und Kult hat, noch Sklave des Erlebnisses, der ständig auf der Suche nach Ausleben und Rausch ist. Vor Gott, dieser uns alle umfassenden letzten Instanz, die uns beurteilt, sind wir Menschen befreit von der Zwangsneurose, durch ständige neue Leistungen oder Erlebnisse den Sinn unserer Existenz zu »finden« und vor uns selbst oder vor unserer Umwelt rechtfertigen zu müssen. Vor Gott wissen wir, woher wir kommen und wohin wir gehen. Vor Gott haben wir eine Lebensrichtung und ein Fundament für Lebenswerte und Lebensmaßstäbe. Gewiss kein geschlossenes Sinnsystem, aber doch einen verborgenen Lebenssinn, der sich bewähren kann auch in scheinbar sinnlosen Situationen, in Momenten des Sinnverlustes.

Für Gott bin ich, wie ich nun einmal bin: Ob ein bisschen mehr oder weniger schön, intelligent, gesund, effizient, bin ich wertvoll, wichtig, angenommen; und dies selbst dann, wenn ich durch keine Arbeit mehr Bestätigung finde, wenn ich durch keine Leistung mehr vor den Menschen glänzen kann. Alt oder krank geworden bleibe ich angenommen, ja geliebt, auch wenn ich durch Leistungen nichts mehr zu bringen vermag. Für diesen Gott gehe ich nie auf in meiner Rolle – als Berufsmensch, Wissenschaftler, Geschäftsmann, Politiker, Hausfrau. … Ich bleibe ein bejahter Mensch selbst dann noch, wenn im Alter die Rollen wegfallen und die Ermüdung im Verdrängungswettbewerb beginnt. Denn aufgrund meines glaubenden Vertrauens auf einen Ur-Sinn, einen Ur-Grund und ein Ur-Ziel darf ich gewiss sein, dass mein Leben in jedem Fall, geschehe was immer, einen Sinn hat, und zwar nicht nur in meinen Erfolgen, sondern auch in meinen Misserfolgen, nicht nur bei Glanzleistungen, auch bei Fehlleistungen, nicht nur bei Leistungssteigerung, auch bei Leistungsabfall, nicht nur im Glück, auch im Unglück, nicht nur im blühenden Leben, sondern auch im Altern, ja, im unverhofften jähen oder langsamen Tod.

Aber nein, noch ist es nicht so weit. Noch lange nicht, so hoffen wir. Deshalb freuen wir uns des Lebens, eines sinnvollen Lebens, so lange es uns geschenkt sein mag.

Trägt solches Vertrauen wirklich, auch in Leid, auch in äußerster Not und Gefahr? Ja. Am 28. Dezember 1944 hat ein 38-jähriger Christ es bewiesen. An seine Mutter schrieb er zu deren Geburtstag aus dem Gefängnis heraus im Angesicht des Todes einen Brief. Und diesem Brief lag ein Gebet bei: »Von guten Mächten«.

Die letzte Strophe lautet:

Von guten Mächten wunderbar geborgen,
erwarten wir getrost, was kommen mag.
Gott ist mit uns am Abend und am Morgen
und ganz gewiss an jedem neuen Tag.

Sein Verfasser ist der evangelische Theologe Dietrich Bonhoeffer, der drei Monate später im KZ hingerichtet wurde. Der Lagerarzt sah ihn in der Vorbereitungszelle knien und inbrünstig beten; nie hatte er einen Menschen so gefasst in den Tod gehen sehen.

Leidenschaft für das Mögliche:
Bewegt von der Hoffnung

Das Neue blühen lassen

Margot Käßmann

Gott, der Herr, pflanzte einen
Garten in Eden, im Osten,
und setzte den Menschen hinein,
den er gebildet hatte.
1. Mose 2,8

Die Mitte des Lebens ist ganz gewiss nicht eine einzige Wüste. Sie bringt auch Erfahrungen des Glücks mit sich, der Freiheit, der Weisheit durch Erfahrung. Der Garten ist ein schönes Symbol dafür, finde ich. Ein neu angepflanzter Garten ist ja auch mit viel Anstrengung verbunden. Aber ein Garten, der schon länger da und bepflanzt ist, atmet etwas von Geborgenheit. Pflegen und wässern müssen wir ihn allerdings auch. Das gilt so sicher auch für unseren Lebensgarten in der Mitte des Lebens. Wir können nicht davon ausgehen, dass alles jetzt gut ist, wie es ist, oder auch schlecht ist, wie es ist, jedenfalls einfach nur so bleiben muss. Auch wenn vieles bereits fest gepflanzt ist, braucht es das Bewässern, kann plötzlich und manchmal ganz überraschend Neues aufblühen und muss auch hier und da mal ein alter Strauch oder ein wucherndes Unkraut entfernt werden.

Gärtnern ist ganz offensichtlich eine der beliebtesten Freizeitbeschäftigungen der modernen Gesellschaft. Auch wenn viele es sich gar nicht so klar machen – Gärtnern ist eine Aktivität, die Menschen glücklich macht. Der Duft regennasser Erde, taufeuchtes Gras und blühende Blumen, das Wachsen des Gepflanzten – im Garten zu sein ist eine Möglichkeit, in der technologisierten Gesellschaft

Nähe zur Natur zu erfahren und tut einfach gut. Vielleicht hängt auch der Wunsch damit zusammen, eine kleine heile Welt zu schaffen mitten in einer großen Welt, von der wir wissen, dass sie ökologisch immer mehr zerstört wird. Regenwälder werden abgeholzt, das Eis der Pole schmilzt, Dürre breitet sich aus – da ist der eigene Garten ein Stück Gegenrealität. Ich denke, der Garten ist ein Ort tiefer Sehnsucht. …

Der Wunsch nach heiler Welt, die Frage nach der Sehnsucht nach dem Paradies hat vor allem die Tiefenpsychologie beschäftigt. Dabei hat sie immer wieder auf die biblische Paradieserzählung zurückgegriffen. Das Wort »Paradies« stammt ursprünglich aus dem Persischen und bedeutet »Einzäunung, Enge, Umgrenzung«. Unser persönliches Paradies, das wir alle erlebt haben, die wohlige Enge, die uns zum Lebensanfang umgab, war der Uterus der Mutter mit völliger Geborgenheit, Schutz vor Gefahren, optimaler Versorgung, ohne Entbehrungen und Einsamkeit, der stete Herzschlag der Mutter war das Signal, dass das Leben unaufhörlich weitergeht. Wir mussten nichts tun, nicht aktiv werden, hatten alles, was wir brauchten, ohne jede Anstrengung. Ein Leben ohne Sorgen. Die einzige Veränderung war unser Wachstum – und Wachstum führt offenbar zur Vertreibung aus dem Paradies. Die Geburt trennt von diesem Wonne-Garten und bringt uns in eine Welt voller unangenehmer Empfindungen und Entbehrungen. Geblieben ist aus dieser frühen Erfahrung die Sehnsucht nach einem konfliktlosen, harmonischen Dasein, nach einer heilen Welt.

Auch im großen gesellschaftlichen Zusammenhang gibt es diese Sehnsucht: Wissenschaft, Forschung und Technik sind auch Mittel zur Verwirklichung eines Paradieses, zeigen, dass der Mensch Allmachtsfantasien und Kräfte einsetzt, um sich das Paradies zurückzuerobern und um letztlich vielleicht den Gott zu überlisten, der ihn fernhält von dieser Erfüllung. Fatalerweise steuern wir dabei allerdings in die entgegengesetzte Richtung: Je mehr wir uns unsere individuellen Paradiese zu schaffen versuchen, desto mehr geht das uns umgebende »natürliche« Paradies unserer Umwelt verloren.

Und doch haben die kleinen Paradiese große Wirkung. Die Bischofskanzlei, über der ich auch wohne, hat einen wunderbaren Garten. Er ist nicht riesig, aber er ist ein Garten mitten in der Stadt. Ringsum ist nicht viel zu tun, die Büsche und Bäume sind alt und umgeben ihn mit erhabener Ruhe. In der Mitte liegt eine Rasenfläche, die schnell gemäht ist, nur ab und an entmoost werden muss. Und es gibt zwei Beete, die ich mit Liebe »bebaue«. Ein kleines Beet, auf das ich direkt von meinem Schreibtisch aus schaue, blüht das ganze Jahr. Es beginnt mit Schneeglöckchen, später kommen kleine buschige Osterglocken, die ich sehr mag, und Hyazinthen in Rosa und Blau. Dann blühen die Hortensie und vor allem eine weiße Rose mit Blüten von Mai bis Oktober. Im Juni pflanze ich oft Sonnenblumenkerne, die dann zu einer wunderbaren Pracht im September führen. In einem Jahr habe ich das vergessen, ich habe mein Beet sozusagen nicht »bewässert«, und es hat mir etwas gefehlt im Herbst.

Und dann gibt es mitten im Garten ein Rosenbeet. Einst war es ein Teich, wurde dann zum Beet, und da ich Rosen so liebe, haben meine Mitarbeiterinnen in der Kanzlei, das Kolleg des Landeskirchenamtes und der Bischofsrat mir zum 50. Geburtstag dort als Geschenk ein Rosenbeet anpflanzen lassen. Etliche Geburtstagsgäste brachten Rosenstöcke mit. Ich muss zugeben, ich dachte zuerst: O nein, noch mehr Arbeit! Aber ich liebe dieses Beet inzwischen sehr. Die Rosen erinnern mich an die Menschen, die sie geschenkt haben. Das Betrachten der Blüten ist für mich eine Weise, mich zu erinnern, Abstand zu finden vom Getriebe, ja fast eine Art Meditation. Dazu braucht es Ruhe und Gelassenheit. Oft habe ich in einer Woche ja nur den Sonntagnachmittag frei. Dann im Garten zu sein, die Rosen zu bewässern und zu beschneiden, ist für mich ein wunderbares Ritual. Nein, das bedeutet keine Sonntagsarbeit, das ist innere Ruhe, Entspannung, Kraft schöpfen. »Sehet die Lilien auf dem Felde«, sagt Jesus. Die Schönheit der Natur sehen, sich an ihr freuen, das ist Teil unseres Lebens. Ich möchte den Blick nicht verlieren für das Schöne, das Besondere, das oft auch im Unscheinbaren daher kommt. Gärten und ihre Blumen sind ein wunderbares Symbol dafür.

Dass ich Blumen sehr mag, hat sich inzwischen herumgesprochen. Und so erhalte ich für einen Vortrag oder eine Predigt oft einen Strauß als »Honorar«. Kürzlich hatte ich fünf solche Ereignisse in einer Woche, meine Kanzlei war ein Blütenmeer, und alle Besucher fragten erschrocken, ob sie irgendetwas nicht mitbekommen hätten, gab es einen Geburtstag, war ein Jubiläum? Ich mag es, am Schreibtisch zu sitzen und Blumen um mich zu haben. Die stolzen Lilien, die bunten Tulpen, die erhabenen Rosen, die kleinen Christrosen. Sie zeigen etwas von der Schönheit der Schöpfung – natürlich auch von ihrer Vergänglichkeit. Das macht ihr Blühen aber noch kostbarer. Manchem Strauß trauere ich nach, wenn er nicht mehr zu halten ist. …

Dieses Thema entstand aus einem Gespräch über die »Mitte des Lebens« mit einer Frau, die acht Jahre jünger ist als ich und fröhlich ohne Ehepartner und ohne Kinder lebt. Ja, die Kinderfrage hat auch sie lange umgetrieben. Das ist wohl bei allen Frauen in der Mitte des Lebens so. Ich kenne inzwischen viele Frauen, die den richtigen Partner nicht gefunden haben, nicht den Zeitpunkt oder die einfach nicht schwanger wurden, als sie es wollten. Mir ist wichtig, dass das heute nicht mehr als Mangel gesehen wird.

»Wer allein lebt, hat meist auch ›Kinder‹«, sagt meine persönliche Referentin, und ich denke, sie hat recht. Es gibt einen Teil von Freiheit von familiären Verpflichtungen, der in Verantwortung umgesetzt wird. Menschen ohne biologische Kinder engagieren sich oft auf den unterschiedlichsten Gebieten. Sie schaffen neue Formen von Familie. Das wird umso wichtiger, als traditionelle Familien immer kleiner werden. Da feiern Singles in großer, fröhlicher Runde Weihnachten, gehen zusammen in den Gottesdienst, kochen miteinander, beschenken sich. Viele Singles üben früher ein, was Menschen, die als Paar oder mit Kindern leben, später und oft erst schwer lernen müssen. Eine Frau schreibt mir: »So, wie ich mein Leben jetzt schon anders, eben in vielen Teilen *single* lebe, so werde ich es auch im Alter tun, so Gott will und ich einigermaßen gesund bleibe. Ich werde auch mit 70 hoffentlich noch Projekte ausbrüten und gebären, zum Laufen bringen und dann gehen lassen.« …

Das gehört zur Mitte des Lebens: Wir haben Erfahrungen gemacht, die wir weitergeben können. Bestimmt nicht zwanghaft. Es ist immer eine Belastung für die jüngere Generation, wenn die Ältere meint, ihre Erfahrungen seien entscheidend, ja wegweisend, wenn Erfahrungen aufgedrängt werden. Jede Generation muss ihre eigenen Erfahrungen machen. Aber ein offenes Ohr zu haben, das ist eine besondere Leistung und Gabe. Wie viele sehnen sich nach einem Menschen, der zuhört und Rat geben kann, ohne diesen Rat aufzudrängen? Lebenserfahrung ist ein Angebot, keine Pflichtlektüre.

Dies war ein weiter Bogen von biblischen Paradiesgärten über reale Gärten bis zu den Gärten unseres Lebens und unserer Gesellschaft. An dem Bild lässt sich wunderbar weiterdenken in der Mitte des Lebens, finde ich. Die Sehnsucht nach dem Paradies ist vielleicht etwas überdeckt, aber nicht erloschen. Und sie wird lebendig, weil plötzlich eine neue Liebe auftaucht, eine neue Aufgabe sich zeigt, weil Überraschendes passiert – und dann kann die Erfahrung des Neuen und die Sehnsucht nach dem Vollkommenen viel Kraft freisetzen, sich für bessere Zustände auch schon hier und jetzt einzusetzen. Dafür gibt es in der Mitte des Lebens meist auch emotional stabile Räume, das schon Bepflanzte im Lebensgarten schafft einen »sicheren« Rahmen für das Neue. Wichtig ist, nicht zu vertrocknen, sondern offen zu sein für das Neue und keimen und aufblühen zu lassen, was blühen will und kann.

Wir hoffen immer
auf den nächsten Tag.
Wahrscheinlich
erhofft sich der nächste Tag
einiges von uns.
Ernst R. Hauschka

Zur Hoffnung geschaffen

Dorothee Sölle

Mein Buch »lieben und arbeiten« ist ein Versuch der Vergewisserung darüber, dass wir Geschöpfe sind, die selbst Schöpfer werden, dass wir befreit worden sind, um selber für Befreiung einzutreten, dass wir geliebt werden, um selber zu Liebenden zu werden. Doch wir leben in einer Zeit, wo die Gewissheit stiftende Kraft, die uns in den Schöpfer vertrauen lässt, immer wieder von Zweifeln, ja Verzweiflung überschattet wird – aufgrund einer noch nie dagewesenen geschichtlichen Situation, in der die globalen Weltbesitzer jeden regionalen Kampf für Freiheit und Gerechtigkeit zu verhindern suchen, während die apokalyptische Bedrohung der gesamten Schöpfung noch immer ansteigt.

Wo ist noch Hoffnung? …

In einem klassischen Text des Neuen Testaments spricht Paulus von Abraham, dem »Vater vieler Völker«, der an Gott glaubte und auf Gottes Verheißung vertraute: »Und er hat geglaubt auf Hoffnung, da nichts zu hoffen war« (Römer 4,18). Der Begriff der Hoffnung spielt eine zentrale Rolle im jüdischen wie im christlichen Denken, im Gegensatz zur antiken Philosophie, die die Hoffnung zumeist nicht als Tugend, sondern als Schwäche betrachtete, die man vor allem den Frauen zuschrieb. Hoffnung galt als etwas Illusionäres und Törichtes. Paulus hat Menschen, die so denken, im Blick, wenn er sagt, die Heiden hätten keine Hoffnung (Epheser 2,12; 1. Thessalonicher 4,13); damit sind alle die gemeint, die ohne Hoffnung leben, gleichgültig welcher Religion sie auch anhängen.

Warum wurde die Hoffnung verachtet – und von wem? Sicher vor allem von denen, die sie nicht brauchten, die sich – weisheitsvoll – in einer gewissen Weltdistanz und Zurückgezogenheit auf rationale Erkenntnis der Wirklichkeit beschränkten. Die kulturelle Basis des Herrschaftssystems, unter dem das Christentum entstand, die Pax Romana, hatte als Grundlage eine rechtlich und ökonomisch abgesicherte strikte Unterscheidung zwischen dem Zentrum und der Peripherie. Glanz und Misere waren verteilt, eine erwartbare Lebenssicherheit stand dem normalen Elend der Armen, das unter den von der Kolonialmacht Rom unterworfenen Völkern herrschte, gegenüber. Die Anzahl der Kranken, Hungernden, Verlassenen, Rechtlosen und Verzweifelten, die in den Evangelienberichten des Neuen Testaments auftauchen, ist ein einziger Hinweis auf die, die Hoffnung brauchten und sich an sie klammerten.

Ein Grundgefühl, das sich mit dem Neoliberalismus der neunziger Jahre verstärkt, sagt mir, dass unsere heutige Welt diesem alten Imperium immer ähnlicher wird, weil die Schere zwischen den »Ökonomiefähigen« und den Ausgeschlossenen sich immer weiter öffnet. Für den Gott der Gerechtigkeit, der auf das »Leben in seiner Fülle« für alle sieht, war in diesem ökonomisch-politischen System kein Raum vorgesehen. Glaube, Hoffnung und Liebe, die Grundbegriffe des Christentums, waren lächerliche, überflüssige Formen des Aberglaubens, des vorwissenschaftlichen Denkens, Weiberträume. Es ist kein Zufall, dass einer der Hauptpunkte der antiken Kritik am Christentum sich darauf berief, dass die Auferstehung Jesu ja nur von Frauen, die vor Gericht nicht angehört wurden, bezeugt war. Die Hoffnung der Rechtlosen, die sich in der Überwindung des Todes ausdrückte, war überflüssig.

In der gegenwärtigen Welt gibt es ein vergleichbares, allseitig anerkanntes ideologisches System, dem wir unsere ökonomische und technologische Stärke verdanken, das unsere alten Hoffnungen für überflüssig ansieht. Es ist die

Wissenschaft. Ihren Prämissen und Zielvorstellungen sollen wir um den Preis unserer Hoffnung gehorchen. Ihre Wahrheit ist für uns nur in wenigen Teilaspekten, für Spezialisten, zugänglich. Das scheinbar wertneutrale System wissenschaftlicher Erkenntnis ist zu einem restriktiven Gesetz geworden, das sich mit Begriffen wie Sachzwang, ökonomische Notwendigkeit oder Fortschritt schmückt und von dem Prinzip geleitet wird, dass das, was erfunden, entdeckt und konstruiert wird, auch gemacht und vermarktet werden muss. …

Angesichts der Tatsache, dass der wissenschaftlich-ökonomische Komplex uns beherrscht, braucht der Glaube Hoffnung, nicht als Illusion, sondern als lebendige Antwort auf den Ruf des Lebens, der sich gegen die ideologisierte Wissenschaft wehrt. Hoffnung entspringt für Paulus nicht aus unseren Absichten oder Taten, sondern geht ihnen voraus. Sie wendet sich gegen die Stagnation und Prolongation dessen, was ist. Sie wendet sich gegen das technologisch durchkonstruierte »Ende der Arbeit« ebenso wie gegen die Behandlung der menschlichen Sexualität als Ware. *Spes contra spem,* Hoffnung gegen alle Hoffnung, bedeutet, das Gegebene, die Sachzwänge zu überschreiten. Die Hoffnung lässt sich nicht trennen vom Glauben an die Kraft des Transzendierens, die manche Gott nennen. Die Art von Glauben, die sich als Widerstand ausdrückt, hat nicht unbedingt etwas mit institutionalisierter Religion zu tun. Wer sich auf einen Gottesglauben beruft, aber die Hoffnung auf das Überleben der Menschheit in Würde und Arbeit aufgegeben hat und bewusst oder unbewusst die Vorbereitung der Zerstörung der Schöpfung toleriert oder fördert, der glaubt nicht wirklich an Gott. Eine Gottesideologie, die nichts von Hoffnung weiß, ist kein Glaube. Wer aber Hoffnung in seiner Lebenshaltung und in seinem Handeln gemeinsam mit anderen zum Ausdruck bringt, der glaubt wirklich an

Gott, wobei es nicht wichtig ist, ob jemand die religiösen Ausdrücke »Glauben« oder »Gott« benutzt oder nicht.

Ein anderer »Kirchenvater«, der mich die Bedeutung der Hoffnung verstehen gelehrt hat, ist Augustinus. In bemerkenswertem Gegensatz zu Paulus, der in 1. Korinther 13,13 lehrt, dass unter Glaube, Hoffnung und Liebe die Liebe die größte sei, nennt Augustinus die Hoffnung als größte dieser drei theologischen Tugenden. Der Glaube lehrt uns nach Augustinus nur, *dass* Gott ist, die Liebe lehrt uns, dass Gott *gut* ist, aber die Hoffnung lehrt uns, dass Gottes Wille auch in Erfüllung geht. Gottes Wille ist Gerechtigkeit für alle. Wie aber verwirklicht die Gottheit ihren Willen? Wo und mit wem tut sie das? Wer sind ihre Verbündeten und Mitarbeiter? Wenn wir uns mit diesen Fragen herumschlagen, kann uns eine weitere Einsicht Augustinus' helfen, nämlich die, dass die Hoffnung zwei liebliche Töchter habe: Zorn und Mut; Zorn, damit das Nichtige auch nichtig bleibe – Mut, damit das, was sein soll, auch sein wird.

Es genügt nicht, nur zu beschreiben, was ist, ohne in Betracht zu ziehen, was gebraucht wird und darum sein sollte. Die Analyse, die von den Benachteiligten ausgeht, sieht anders aus als eine sogenannte neutrale. Der Kampf ist eine wichtige Quelle der Hoffnung; Hoffnung fällt nicht als göttliche Gabe vom Himmel, sie erwächst aus dem Widerstand der Beleidigten und Rechtlosen. Eine Analyse, die nicht mehr ist als bloße Analyse, dient der Aufrechterhaltung des Status quo. Eine wissenschaftliche Beschreibung der bestehenden Verhältnisse, die nichts zur Veränderung beiträgt, genügt nicht. Wir müssen auf den Zeitpunkt hinarbeiten, an dem die inneren Widersprüche eines Systems sozialer und ökologischer Ungerechtigkeit so offen zutage treten, dass die Menschen dadurch aus Apathie und Verzweiflung erwachen und zum Kampf und zur Hoffnung, zu »Zorn und Mut«, ermutigt werden. Genau das haben die Propheten des Alten Bundes getan. Eine gute und nützliche Analyse nennt die Opfer der Ungerechtigkeit in dem jeweiligen sozialen Kontext beim Namen und fragt: Wie lange können sie das noch ertragen? Wie lange werden sie sich noch still verhalten? Wann werden sie aufstehen? Wer sind die Handlungsträger der Veränderung?

Die Hoffnung liegt bei den Armen, die die Kraft gewinnen, um die Unterdrücker auszutreiben, wie Jesus und seine Freunde die Dämonen austreiben. »Wer sich nicht wehrt, lebt verkehrt« – das ist auch eine religiöse Aussage. Wer sich nicht wehrt, glaubt nicht an die Liebe oder traut ihr zumindest nichts zu. Eine Gemeinschaft von Christen in der Ersten Welt, die sich als Kirche versteht, ist in meinen Augen nur dann wirklich Kirche, wenn sie Widerstand leistet. Im Widerstand leben, das heißt gegen alle Hoffnung auf Hoffnung hin glauben.

Im Augenblick wird die Frage nach der Hoffnung vielfach gestellt. Sie irritiert mich, weil sie oft so lamentös vor allem Handeln gestellt wird. Viele wollen zunächst in der Aussicht versichert sein, dass alles gut geht, um allenfalls dann zu handeln und zum guten Ausgang beizutragen. Vielleicht sollten wir die Frage nach dem guten Ausgang vergessen; sie ist nicht beantwortbar. Es garantiert uns keiner, dass das Leben auf der Erde in absehbarer Zeit nicht kollabiert, auch kein Regenbogen. Aber wir können tun, als hofften wir. Wir können handeln, als sei Rettung möglich. Dabei helfen uns die augustinischen Töchter der Hoffnung.

Zu tun, als gäbe es einen guten Ausgang, sind wir uns selber, aber auch unseren Nachkommen schuldig. Man entwürdigt sich und spricht sich selber Subjektivität ab, wenn man die Dinge zuschauend ihrem Unglück entgegentreiben lässt. Luthers Satz vom Apfelbäumchen, das er noch angesichts des Weltuntergangs pflanzen wollte, heißt nicht, dass er den Blick auf die untergehende Welt verweigert. Es ist kein verblendeter Optimismus. Er ehrt sich selber, indem er sich auch als Handelnden begreift, als einen Menschen, der den Auftrag und die Fähigkeit hat, das Leben zu behüten und zu fördern. Nicht allein der Erfolg rechtfertigt, was ein Mensch tut. Es gibt Handlungen, die in sich selber gerechtfertigt sind. Die Liebe und die Gerechtigkeit heiligen den Menschen; nicht erst der Erfolg der Liebe und der Gerechtigkeit.

Wir sind es auch unseren Nachkommen schuldig, jetzt zu handeln. Es ist nicht ausgemacht, dass unsere Mühe vergeblich ist. Es ist auch nicht ausgemacht, dass alle Rettungswege verschlossen sind. Auf die Predigt des Propheten Jonas von der bevorstehenden Vernichtung der Stadt Ninive befiehlt der König Umkehr und Trauer. Und er sagt: »Wer weiß! Vielleicht lässt sich's Gott gereuen und lässt von seinem Zorn, dass wir nicht untergehen« (Jonas 3,9). Wer die Welt und das Leben der eigenen Nachkommen liebt, wird zumindest »Wer weiß!« sagen. Er oder sie wird, wenn schon nicht in ausdrücklicher Hoffnung, so doch im praktischen Handeln, damit rechnen, dass das Leben, die Freiheit, die gerechte Verteilung der Güter und der Schutz der Schöpfung gelingen können. Hoffnung ist nicht hauptsächlich Sache theoretischer Einsicht oder Erwartung. Sie ist Sache des Handelns. Ob ich ein hoffender Mensch bin, lässt sich kaum an meiner theoretischen Prognose ablesen, sondern an meiner Praxis. Die Hoffnung ist eine Schwester der Liebe. Sie wird nicht ernährt durch gute Gründe, sondern durch die Güte des Handelns. Wer Kinder hat und sie liebt, wird an ihrer menschlichen Zukunft nicht bauen, weil diese Arbeit Erfolg hat, sondern weil er oder sie die Kinder liebt.

Besteht denn eine innere Verbindung zwischen unserem Glauben an die Schöpfung und unserer Fähigkeit, zu hoffen und zu widerstehen? Wie können wir die beiden biblischen Traditionsstränge von Schöpfung und Befreiung miteinander verknüpfen? Diese Verknüpfung wird sichtbar, wenn wir aufhören, unsere Auffassung von Schöpfung an der Vergangenheit zu orientieren, und uns endlich ganz darauf einlassen, dass die Schöpfung ein unabgeschlossener Prozess ist; sie geht weiter. *Creatio continua.* …

Wollen wir auf die Schöpfung anders antworten, nämlich im Sinne einer Zärtlichkeit für alles, was auf dieser Erde lebt, und wollen wir die werden, als die wir gedacht sind, nämlich Mit-Schöpfer, geschaffen nach Gottes Bild, dann muss klar werden, dass sich Schöpfung niemals nur auf unseren Ursprung, sondern immer auch auf unsere Zukunft bezieht. Die Schöpfung, die mit der ersten Schöpfung begonnen hat, ist noch nicht zu Ende.

Hoffen – nicht zu wenig, nicht zu viel

Wolfgang Schmidbauer

Die Hoffnung hat von den Tugenden den schlechtesten Ruf. In der griechischen Sage von Pandoras Büchse gar hat Prometheus die Hoffnung zusammen mit allen anderen Übeln und Plagen, die den Menschen befallen können, in ein Kästchen gesperrt und seinem Bruder Epimetheus geraten, es sicher verschlossen zu halten.

Aber Zeus wollte sich für den Diebstahl des Feuers an Prometheus rächen. So ließ er von Hephaistos eine Frau aus Ton formen, befahl den vier Winden, sie zu beleben, und jeder Göttin im Olymp, sie zu schmücken. So wurde Pandora die schönste Frau der Welt. Zeus schenkte sie dem Epimetheus, der sie heiratete und bald viel zu leiden hatte, denn sie war so dumm, bösartig, eitel und faul, wie sie schön war. Und damit nicht genug. Sie öffnete das Kästchen, in das die Übel gesperrt waren, und sogleich schwärmten Alter, Schmerzen, Krankheiten, Irrsinn, Laster und Leidenschaften aus wie ein Mückenscharm und begannen, die Menschen zu plagen. Nur die Hoffnung, weniger schnell als die anderen Eingeschlossenen, war noch in dem Kästchen, als Epimetheus den Schaden entdeckte und den Deckel wieder verschloss.

Während vor Pandoras Tat die Menschen in einem goldenen Zeitalter gelebt hatten, unbelastet von Krankheit, Alter, Angst und Schmerz, fingen sie jetzt an, sich massenhaft umzubringen. Sie ertrugen die Übel des Lebens nicht. Daher musste Epimetheus jetzt auch die Hoffnung freilassen. Seither gaukelt sie den Menschen Zuversicht vor und hält sie so am Leben.

Psychologisch treffend an dieser Gesichte ist vor allem,

dass die Hoffnung träger ist als ihre Gegenspieler. Die Angst überfällt uns wie ein Insektenstich, steigert sich zur Panik, drängt zur Flucht; die Hoffnung müssen wir aufbauen. Wir fürchten uns schnell und hoffen langsam. Die Gründe dafür reichen weit in unsere Entwicklungsgeschichte. Wenn unsere Vorfahren gehofft hätten, dass ein gelber Fleck in einem Gesträuch etwas anderes sein könnte als ein Löwe auf der Jagd, sie wären ausgestorben. So aber haben sie gelernt, blitzschnell zu erschrecken, zu fliehen – und erst in der sicheren Höhle zu prüfen, ob die Angst berechtigt war.

Wer in blinder Hoffnung handelt, setzt sein Leben aufs Spiel. Aber es ist auch nicht angebracht, der Angst den inneren Raum gänzlich zu überlassen. Dadurch wird das Leben nicht weniger eingeengt und gefährdet. In Wahrheit brauchen wir beide, die Hoffnung wie die Angst. Wenn wir nicht hoffen, werden wir von der Angst gelähmt. Wenn wir nur hoffen und den Gedanken an Gefahren unterdrücken, werden wir uns überschätzen, uns nicht vorbereiten und daran scheitern.

Psychologisch besehen ist gelingendes Hoffen eine Gabe, die mit der Bewältigung der Ödipalität zusammenhängt. Wer die Chance hatte, sich mit dem gleichgeschlechtlichen Elternteil zu identifizieren, ihn als »gut genug« in das eigene Innere aufzunehmen, der gewinnt ein Vertrauen in die eigenen Zukunftsentwürfe, das es ihm sehr erleichtert, das Leben anzugehen: Wenn er einen Menschen liebt, wird dieser ihn schon auch lieben; wenn er Freundschaft anbietet, wird sie erwidert werden. Das alles sind Hoffnungen, die enttäuscht werden können – aber wer nicht in dieser Weise hofft, wird sich nie verlieben und zärtliche Briefe schreiben, wird nie glauben, dass Kinder sein Leben bereichern oder andere Menschen sich für seine Gedanken interessieren.

Die Fähigkeit zu hoffen, die aus einer gelungenen seelischen Strukturbildung hervorgeht, erweitert die Perspektive auf die Welt, weil sie sozusagen einen runden Tisch in unserem Bewusstsein begründet, an dem über Wünsche, Hoffnungen, Gefahren und Ängste gleichberechtigt diskutiert werden kann.

Blinde Hoffnung hängt mit einer Überkompensation zusammen: Nicht nur die unbegründeten, sondern *alle* Ängste und Zweifel sollen schweigen! Es *muss* gut gehen! Wer den Erfolg nur radikal genug will, der hat ihn! Während uns die Angst gerne eingibt, dass alles, was uns aus der sicheren Höhle lockt, auch ins Verderben führt, will uns diese Hoffnung ebenso einseitig weismachen, dass wir immer etwas Besseres finden werden, wenn wir aufgeben, was wir haben. Der »Hans im Glück« des Grimmschen Märchens hofft immer, einen guten Tausch zu machen, bis er am Ende mit leeren Händen dasteht.

Wie alle seelischen Kräfte ist auch das Hoffen wichtig, solange es seinen Teil zum Ganzen beiträgt, und gefährlich, sobald es andere, ebenso wichtige Teile ausgrenzt oder unterdrückt. Die psychoanalytische Sicht auf das, was man in der spirituellen Tradition ein »weites Herz« nennt, betrifft diesen Innenraum, in dem ohne voreilige Wertung erst einmal zugelassen wird, was ist – Kindliches und Reifes, Erlaubtes und Verbotenes, Kluges und Dummes. So können wir erkennen, dass Hoffen die Angst erträglich und Angst die Hoffnung sehend machen kann. Hoffen isoliert betrachtet kann sehr weise und sehr töricht sein – ich kann ein sinnvolles Risiko eingehen, weil ich hoffe, dass es gut geht, oder unbedacht etwas zerstören, weil ich naiv davon ausging, mir könne nichts geschehen, mir müsse alles gelingen.

Hoffnung ist eine Schwester der narzisstischen Grandiosität. Wir haben heute gelernt, diese nicht zu verteufeln, sondern sie zu zähmen. Sie gehört zur Kreativität – eine uralte Weisheit der Mystiker, die doch lehrten, der Mensch müsse lernen, Gott in sich zu finden, Gott zu

»sein«. Aber wer die Größenfantasie nicht zügeln, nicht durch Humor relativieren und durch Kritik begrenzen kann, der fällt der Manie zum Opfer, dem blinden Überschwang, der Selbstüberschätzung. Wenn sie, was unweigerlich geschehen wird, schließlich zusammenbricht, nistet in ihren Trümmern die Depression.

In unserer gegenwärtigen Situation scheint mir beides gleich gefährlich: zu viel zu hoffen, zu wenig zu hoffen. Zu viel wäre es, zu hoffen, dass wir in unserer Energie verzehrenden Konsumgesellschaft, für deren Stabilisierung wir drei und mehr Erden bräuchten, so weiterleben können wie bisher. Zu wenig wäre es, nicht zu hoffen, dass die Menschheit in der Lage ist, einen selbst inszenierten Untergang aufzuhalten.

Wenn wir aufhören zu hoffen,
kommt, was wir befürchten,
bestimmt.
Ernst Bloch

Sisyphosarbeit

Verena Kast

Eines Tages, als ich wieder einmal daran war, einen Berg Geschirr wegzuräumen, und mir einfiel, wie bald der nächste Berg Geschirr wieder da stehen würde, wurde mir bewusst, wie viele Berge von Geschirr in meinem Leben diesem einen noch folgen werden, wie viele ich auch schon abgetragen hatte. Eine Arbeit, die sich in regelmäßiger Gleichförmigkeit immer wiederholt, immer nur für einen Moment abgeschlossen ist, eine Arbeit, die sich immer wiederholen wird. Eine richtige Sisyphosarbeit, dieses ewige Geschirraufräumen.

Als einmal das Stichwort gegeben war, fiel mir auf, wie die Nachrichten im Radio, seit ich mich entsinnen kann, einander gleichen: Immer die gleichen Probleme in der Welt, über die konferiert, debattiert wird, ohne dass sich Wesentliches ändert, aber auch immer die gleiche Art der Berichterstattung, die dem Unglück in der Welt so viel Raum zugesteht, glücklichen Ereignissen hingegen wenig Wichtigkeit beimisst.

Ich sah einen Zusammenhang zwischen meiner Arbeit, die nie wirklich zu Ende geführt werden kann, sich immer wiederholt, und den Problemen der Menschheit, an denen auch immer gearbeitet wird, die sich aber auch immer wiederholen. Natürlich hätte ich mein Augenmerk auf die Befriedigung lenken können, die den Moment begleitet, wenn der Geschirrberg abgetragen ist, und auf die kleinen Fortschritte, die auch in den sich so sehr ähnelnden Nachrichten zu sehen sind. Aber an diesem Tag fiel mir der Aspekt der ewigen Wiederholung auf, begleitet von der Gewissheit, dass unendlich vieles im Leben immer wieder von vorne anfängt, dass ich immer wieder von vorne anfangen muss, gerade auch da, wo eine große Veränderung eigentlich angenehm wäre.

Es fielen mir weitere Erlebnisse zum Themenkreis ein: Etwa, wie oft ich schon versucht habe, immer wieder denselben Sachverhalt zu erklären, oder wie ich selber ein Problem immer wieder von allen möglichen Seiten angehe, meine, ich hätte es verstanden, und dann doch wiederum den Eindruck habe, es sei noch nicht gut genug verstanden, noch nicht prägnant genug erfasst, und das Problem wieder wälze, wieder formuliere, neu formuliere – auch hier wieder von vorne anfange. …

War ich beim Geschirraufräumen noch ganz sicher, dass diese Arbeit unter Sisyphosarbeit einzuordnen sei, beim Ringen der Menschen mit ihren Problemen, wie sie in den Nachrichten zum Ausdruck kommen, war ich schon etwas weniger sicher. Noch ungewisser war mir aber die Beurteilung, als mir meine Erklärungsversuche einfielen. Fragen, die gestellt werden, gleichen sich ungeheuer, aber die Situationen, aus denen heraus sie gestellt werden, sind oft andere, haben sich verändert. Das Ringen um einen prägnanten Ausdruck, um ein stimmiges Bild hat zwar auch diesen Aspekt der ewigen Wiederholung, zudem noch deutlich auch die Komponente eines nur vorläufigen Gelingens, und doch bezeichnete ich diese Arbeit, obwohl viel Sisyphisches mit ihr verbunden ist, nicht einfach als Sisyphosarbeit, dafür ist doch zu viel an Veränderung mit ihr verbunden.

Dann fielen mir Menschen im therapeutischen Prozess ein: Da wird immer wieder mit den gleichen Grundproblemen gerungen. Immer wieder stellen sich die gleichen Fragen, die gleichen Eigenheiten werden zum Konflikt. Und manch einer klagt dann: »Kann ich dieses Problem denn nie bewältigen?« und verzweifelt fast an seinen Anstrengungen. Ein andermal kann er von einer anderen Warte aus sehen, dass er sich zwar immer mit den gleichen Problemen beschäftigt, aber er erlebt, dass er jetzt schon anders mit ihnen umgehen kann. Ist er bei der ersten Aussage noch ganz überzeugt davon, dass die Arbeit an sich selbst, an seinen Grundproblemen, Sisyphosarbeit ist, dann ist er bei der zweiten Aussage nur noch bedingt davon überzeugt.

Natürlich stellt sich hier die Frage, ob das Sisyphische seine Mühsal verliert, wenn es einem gelingt, nicht nur die Wiederholung, sondern auch die ganz leise Veränderung daran zu sehen. Oder nennen wir etwas Sisyphosarbeit, wenn wir eine Veränderung nicht sehen können oder sehen wollen?

Deutlich wird bereits jetzt, dass es schwer fällt, in jenen Sisyphosarbeiten, die wirklich bloße Wiederholungen sind, einen Sinn zu sehen. Sinn verbinden wir mit Veränderung zu etwas Umfassenderem hin. …

Überlegungen zu Hoffnung oder Hoffnungslosigkeit im Zusammenhang mit diesem Teil des Sisyphosmythos wurden schon immer angestellt, vor allem von Albert Camus in seinem Buch »Der Mythos von Sisyphos. Ein Versuch über das Absurde«. Für ihn ist Sisyphos ein tragischer, ein absurder Held. …

Die Schwäche Camus' und des französischen Existentialismus indessen zeigt sich vor allem in dem, was in diesem Modell fehlt: Der Mythos von Sisyphos ist ein völlig unerotischer Mythos. Der ganze Aspekt der Liebe und der Beziehung zu Menschen ist ausgespart, aber auch der ganze Bereich des Loslassen-Könnens, des Sich-hingeben- und Vertrauen-Könnens, wenn es um Hingabe und Vertrauen in anderes als in die eigene Kraft und den eigenen Willen geht. Damit ist aber auch der ganze Bereich des Metaphysischen und der Hoffnung ausgespart. Es ist nicht von ungefähr, dass Gabriel Marcel ungefähr zur gleichen Zeit, als Camus den Sisyphos veröffentlichte, die

»Philosophie der Hoffnung« herausgab. Gegen diese so ausschließliche Betonung des Jetzt und Hier und der Fähigkeit des menschlichen Willens setzt Marcel Vertrauen, Hoffen, das Geheimnis der Liebe. Hoffnung wird dabei zum Antipoden der Anmaßung und des Trotzes. Camus und Marcel zeigen zwei verschiedene Aspekte des Menschenbildes auf, jede Haltung kann in einer gewissen Lebenssituation wesentlich sein; beide Haltungen miteinander in ihrer Spannung scheinen mir das Menschsein auszumachen.

Würde Camus in seiner Auslegung des Mythos von Sisyphos nur davon sprechen, dass ein Mensch, von den Göttern letztlich zu einem absurden Schicksal verdammt, dieses Schicksal auf sich nimmt, an diesem Schicksal arbeitet und dabei den Göttern auch die Stirn bietet – obwohl mir das so ganz ohne Hoffnung doch sehr schwierig erscheint –, so wäre wenig dagegen einzuwenden. Es gibt Phasen im Leben eines jeden Menschen, während derer man in dieser Haltung leben muss: Phasen, in denen gerade diese Haltung, auch im Bewältigen des Alltäglichen, einem die Kraft gibt, mit seinem Schicksal zu leben, wo man auch überhaupt erst einmal seine eigene Kraft im Anleben gegen das Schicksal erfahren kann.

Aber wenn Camus nun auch noch sagt, man müsse sich Sisyphos als glücklichen Menschen vorstellen, dann wundere ich mich, warum er überhaupt diese Kategorie hier einführt. Würde er sagen, dass er diesen Menschen als einen sieht, der in höchster Intensität lebt (*vivre le plus*), sein Leben wirklich wagt, ich würde gerne mit seiner Argumentation mitgehen. Aber glücklich? Wäre »würdig« nicht der richtigere Ausdruck? Ich möchte hier weder eine Würdigung noch eine Kritik des von Camus vertretenen Existentialismus vorbringen – dazu beziehe ich mich hier auf eine zu schmale Textbasis – noch darüber befinden, ob Sisyphos ein glücklicher Mensch ist oder war. Mir geht es vor allem um die Fragestellung nach Hoffnung beziehungsweise Hoffnungslosigkeit.

Das scheint mir eine ganz zentrale Frage zu sein, wie ich auch Hoffnung und Hoffnungslosigkeit für zentrale Emotionen im menschlichen Leben halte. Natürlich öffnet die Hoffnung immer den Blick auf die Zukunft, auf Veränderung, damit auf schöpferische Veränderung. Hoffnung beflügelt uns, Hoffnung tröstet uns, gaukelt uns aber auch manchmal etwas vor, hindert uns daran, das uns Mögliche wirklich zu tun; wir hoffen etwa nur auf Veränderung und verändern nicht, was aktuell verändert werden muss. Das bringt zuweilen die Hoffnung in Verruf.

Hoffen ist aber nicht einfach ein zaghaftes Warten auf ein »Vielleicht«, ein Bauen von Luftschlössern. Hoffen ist letztlich Vertrauen darauf, dass etwas im Leben uns trägt, dass das Ganze des Lebens und die eigene Intention in einen Zusammenhang gebracht werden können. In der Hoffnung liegt letztlich eine Form der Geborgenheit. Hoffnung transzendiert auch immer das Jetzt und Hier, transzendiert den bewussten Willen. Die Hoffnung gibt uns normalerweise die Kraft, etwas in Angriff zu nehmen im Vertrauen darauf, dass sich etwas verändern wird oder dass das Aushalten zumindest einen Sinn hat.

Und Sisyphos soll nun immer wieder diese immense Energieleistung aufgebracht haben, trotz allen Scheiterns, ohne jede Hoffnung? Bedenken wir die Argumentation von Camus genauer, dann stellt sich heraus, dass auch er nicht ganz ohne Hoffnung auskommt. Zwar weiß Sisyphos, dass er nie an ein Ende gelangen wird – und da er im Jenseits ist, ist die Wiederholung wirklich als »ewige« zu denken –, er hat also keine Illusionen. Aber sein »Glück« bezieht er daraus, dass er den »Kampf gegen den Gipfel« besteht; er müsste also immer wieder darauf hoffen, dass er den Kampf gegen den Gipfel immer wieder besteht. Damit wird aber auch für ihn das Tun auf diesem Weg, das

Erlebnis der eigenen Kraft auf diesem Weg, der kein Ziel hat, wesentlich. Auch bei Camus kommt Sisyphos nicht ohne Hoffnung aus: Er hofft aber auf die eigene Kraft – nicht auf etwas letztlich Tragendes, das ihn, den wollenden Menschen, übersteigen könnte.

Wir werden letztlich nie wissen, ob Sisyphos ein Mensch mit Hoffnung oder ohne Hoffnung war. Der Mythos muss heute mit unseren existentiellen Überlegungen angereichert werden. Dennoch meine ich, dass Sisyphos nicht einfach als Mensch gesehen werden kann, der ganz ohne Hoffnung die ewige Wiederholung erträgt; mir scheint das eine Größenidee zu sein, die Menschen überfordert. Sisyphos ist ein überforderter Held.

Ich könnte mir vorstellen, dass Sisyphos zwar weiß, dass die Götter ihm gesagt haben, er werde das Ziel nie erreichen, dass er aber insgeheim immer hofft, es eben doch zu erreichen, herausgefordert, gefordert durch diese Aussage, so wie uns eine klare Absage an unsere Fähigkeiten manchmal auch stimulieren kann, gerade jetzt, zum Trotz, etwas zu erreichen: eine heroische Hoffnung gegen den Augenschein. Trotz ist ja eine sehr wichtige Kraft für den Menschen. Sehr oft entwickeln wir uns aus Trotz gegen eine Voraussage, die uns wenig geschmeichelt hat. Im Trotz erfahren wir sehr oft unsere ganzen Möglichkeiten, stehen wir endlich zu uns. Sisyphos ist ein trotziger Held. Auch so besehen, ist es eine Auseinandersetzung mit dem Schicksal, mit den Göttern, die Sisyphos antreibt, aber eine Auseinandersetzung, die viel offener ist als die von Camus postulierte: Er verachtet nicht die Götter, er misst sich nur mit ihnen.

Sein Durchhaltewillen, seine Würde muss sich daran erweisen, dass er immer wieder mit der Enttäuschung umgehen muss.

Das Thema wäre also nicht der Mensch, der in der Hoffnungslosigkeit weiterlebt, absolute Endlichkeit akzeptiert und so viel an Leben gestaltet, wie es ihm möglich ist, also letztlich auch den Tod verachtet, sondern das Thema wäre nun der Mensch, der hofft, der sich anstrengt und dann immer wieder enttäuscht wird, der trotz dieser wiederkehrenden Enttäuschungen jedoch nicht flieht, sondern immer wieder ansetzt, also letztlich immer auch dem Tod ein Stück Leben abgewinnt.

In der Enttäuschung nämlich müssen wir Abschied nehmen von einer Vorstellung, die wir gehabt haben; wir haben etwas erwartet, das nicht eingetroffen ist. Wir haben nicht auf etwas gehofft, sondern etwas erwartet. Die Erwartung ist viel enger als die Hoffnung, viel zentrierter auf ein Ereignis, auf das hin wir uns verstehen. Tritt dann das Erwartete nicht ein, verlieren wir unser aktuelles Zentrum. Das Gefühl, das diesen Verlust begleitet, nennen wir Enttäuschung. Die Enttäuschung erst macht uns oft deutlich, was wir eigentlich erwartet haben und dass diese Erwartung eben doch nicht erfüllt wurde, vielleicht nicht erfüllt werden kann. Dann stellt sich die wichtige Frage, wie wir mit der Enttäuschung umgehen können.

Sisyphos ist ein Modell für einen Menschen, der trotz der Enttäuschung sich wieder einsetzt, den Stein wieder stemmt, den Verlust ungeschehen machen will und neu ansetzt. Ein sehr kränkbarer Mensch würde in der Situation von Sisyphos auf dem Berg oben stehen bleiben und jammern, auch wenn man ihm vorher schon vorausgesagt hätte, dass er enttäuscht sein wird. Es wäre schwer für ihn, diesen Neuanfang zu wagen, er könnte ja doch wieder enttäuscht werden. Sisyphos aber kann die Enttäuschung und die damit verbundene Kränkung trotzig verarbeiten, er lässt sich durch die Enttäuschung nicht daran hindern, Leben zu bewältigen; insofern ringt er dem Tod ein Stück Leben ab. Aber Sisyphos ist nicht nur ein wenig kränkbarer Held, er ist auch ein sehr kräftiger Held, ein Held mit sehr viel Energie.

Der Mythos spricht nicht von seiner Enttäuschung, nichts hören wir darüber, wie er den Weg in die Felder hinunter unter die Füße nimmt – was uns einen Hinweis darauf geben könnte, wie er Enttäuschung erlebt und verarbeitet. Der Mythos sagt nur, dass er von Neuem beginnt; er macht auch uns Mut zum Neuansatz, auch dann, wenn immer wieder dieselbe Last gehoben werden muss, sofern wir uns mit ihm identifizieren wollen.

Betrachten wir diesen Mythos also nicht unter dem Aspekt von Hoffnung und Hoffnungslosigkeit, sondern unter dem Aspekt von Erwartung und damit verbundener Enttäuschung, dann wird die Heldentat des Sisyphos nicht geschmälert, aber er ist dann kein absurder Held mehr. Immer wieder das Leben wagen, auch wenn man weiß, dass letztlich immer eine Enttäuschung möglich ist, heißt zu akzeptieren, in einem größeren Rahmen gesehen, dass man immer Abschied nehmen muss von Vorstellungen, Erwartungen, ohne doch aufzugeben. Wir wissen wohl alle, wie viel Kraft das kostet, wie viel Mut auch.

Die Hoffnung aufzugeben
bedeutet, nach der Gegenwart
auch die Zukunft preiszugeben.
Pearl S. Buck

»Was wir heute tun, entscheidet darüber, wie die Welt morgen aussieht«

Monika Gruhl

Menschen sind als einzige Lebewesen in der Lage, Dinge, die noch gar nicht passiert sind, gedanklich vorwegzunehmen. Auf diese Weise wird alles zweimal geschaffen, zuerst im Kopf und dann in der Realität. Resiliente Menschen betrachten das Leben und die Zukunft als etwas, das (noch) zu gestalten ist. Wer gestalten will, der hat oder macht sich Bilder von dem, was er erstrebenswert findet. Kreatives Denken über das Gewohnte und Vernünftige hinaus schafft Ideen, die weit ausstrahlen. Stellen Sie sich Ihren Entwurf möglichst anschaulich mit allen Sinnen vor: die Menschen, die Orte, die Gefühle, alles, was ein Teil Ihres Lebens werden soll. Wenn Sie die Bilder Ihrer Lebensziele in sich lebendig halten, wird es Ihnen auch gelingen, jeden Tag Ihr Mögliches zu tun, damit sie wahr werden.

Diese Bilder und Träume sind der Stoff, aus dem Sie Ihre konkreten Annäherungsziele entwickeln. Überprüfen Sie immer wieder, ob sich darin Ihre Lebensphilosophie, Ihre Werte und Prinzipien widerspiegeln. Erst wenn Ihre Ziele stimmig und authentisch sind, ist es an der Reihe, zu planen, mit welchen konkreten Maßnahmen sie verwirklicht werden können und welche Ressourcen Sie dazu brauchen. Nur wenn Sie mit Kopf, Bauch und Herz davon überzeugt sind, werden Sie langfristig die nötige Energie, Ausdauer und Geduld aufbringen, die Sie brauchen, um sie zu erreichen.

Doch einige Menschen wollen ankommen, ohne zu reisen. Sie träumen zwar von vielfältigen Möglichkeiten und großen Erfolgen, sind aber nicht bereit, die dazugehörige Anstrengung auf sich zu nehmen. Andere verwechseln Aktivität mit Effektivität. Obwohl sie unermüdlich beschäftigt sind, kommen sie nie wirklich zum Ziel. Die Aktivitätsfalle beschert ihnen Pyrrhussiege: Sie klettern eifrig immer weiter die Leiter hoch und stellen dann fest, dass sie an der falschen Mauer lehnt. Dann kommen sie vielleicht zu der bitteren Erkenntnis, dass sie sich für die falschen Dinge verausgabt haben. Sie haben für ihre Erfolge einen zu hohen Preis bezahlt. Was ihnen wirklich wichtig gewesen wäre, ist auf der Strecke geblieben. Sie haben viel Zeit, Geld und Energie in ihr Hobby gesteckt – und sehnen sich nach Erfüllung im Beruf. Sie strampeln sich ab, um Haus und Hof vorbildlich in Ordnung zu halten – und vermissen das Aufgehen in einem anspruchsvollen Projekt. Sie haben Familie und Freunde vernachlässigt, weil der berufliche Aufstieg immer Vorrang hatte – und stellen fest, dass sie sich bei niemandem wirklich zu Hause fühlen.

Legen Sie also mit konkreten Maßnahmen erst los, wenn Sei Ihrem Ziel auch nach reiflicher Überlegung innerlich voll und ganz zustimmen. Kleine wie große Vorhaben werden über konkrete Tätigkeiten verwirklicht, die Schritt für Schritt zu diesen hinführen. Für alles, was Sie tun, können Sie sich immer aus den unterschiedlichsten Gründen entscheiden: was Sie gerne tun, was gut ankommt, was Sie immer getan haben oder was andere erwarten. Erst wenn Sie ein klares Ziel haben, ergeben sich daraus eindeutige Kriterien, nach denen Sie Ihre Tätigkeiten definieren und gewichten: Was Ihrem Ziel dient, hat oberste Priorität, was Ihrem Ziel nicht dient, ist nebensächlich oder überflüssig. Instrumente wie Ablaufdiagramme und Zeitpläne machen sichtbar, wie die Gesamtaufgabe eines größeren Zeitraums auf kleinere Einheiten verteilt wird: »Was kann ich diesen Monat/diese Woche/heute für das Erreichen meines Ziels tun?« Jeder noch so kleine Schritt bringt Sie weiter, weil er in die von Ihnen gewählte Richtung führt.

Bei allen größeren Vorhaben sind kontrollierbare und unkontrollierbare Kräfte im Spiel. Wenn Sie gut vorbereitet sind, sind Sie in der Lage, die unkontrollierbaren zu akzeptieren und zu kompensieren. Widerstände, Störungen und Rückschläge sind bei langfristigen komplexen Zielvorhaben ganz normal und gehören dazu. Stellen Sie sich darauf ein, dass Sie allerhand Umwege machen werden, und überlegen Sie sich schon im Voraus, wie Sie sich dann motivieren. Damit Sie bei Hindernissen und Rückschlägen nicht aufgeben, sorgen Sie immer wieder für positive Gefühle, indem Sie sich den Beitrag Ihrer Aktivitäten zu Ihren großen Zielen bewusst machen und sich auch für kleine Fortschritte belohnen. So erhöhen Sie die Zahl Ihrer Erfolgserlebnisse und ermutigen sich, weiterzumachen.

Nicht das, was Sie einmal tun, bringt Sie kontinuierlich Ihren Zielen näher, sondern das, was Sie gewohnheitsmäßig tun. Machen Sie sich effiziente Zwischenschritte zur Gewohnheit, damit Sie auf Dauer etwas erreichen. Ausschlaggebend ist nicht, wie andere es schaffen, sondern welche Vorgehensweise sich für Sie bewährt. Machen Sie sich Ihre persönlichen Erfolgsstrategien bewusst, sie bringen Sie in Kontakt mit Ihren speziellen Energiequellen.

Endlich am Ziel – und dann?

Der Triumph, am Ziel angekommen zu sein, verblasst in der Regel, manchmal sogar ziemlich schnell. Selbst wenn wir etwas lange ersehnt haben, verändert es nicht wirklich unser ganzes Leben, wenn wir es bekommen. Das tolle

Gefühl, wenn Sie endlich in Ihr Traumauto steigen, legt sich nach einigen Wochen. Sie haben auf viel verzichtet, um diese Prüfung zu schaffen, und dachten, danach wird alles anders. Sie glaubten, wenn Sie endlich im eigenen Haus wohnen, wird sich ein ganz neues Lebensgefühl einstellen. Und dann stellen Sie ernüchtert fest, dass Sie auch im Traumhaus den Müll hinausbringen müssen und dass Sie nach der Abschlussprüfung immer noch viel am Schreibtisch sitzen. Ihr Alltag läuft im Grunde genommen nicht viel anders ab als vorher. Machen Sie sich bewusst, dass die Genugtuung und Befriedigung, am Ziel angekommen zu sein, in aller Regel vorbeigeht.

Doch die Schlussfolgerung, dass eigene Zielsetzung und Strebsamkeit sich gar nicht lohnen, greift zu kurz. Sie sind der Weg zu einem selbstbestimmten Leben. Es stärkt unser Selbstwertgefühl und macht uns stolz, zu erreichen, was wir uns vornehmen. Das trifft umso mehr zu, wenn uns diese Erfolge nicht in den Schoß gefallen sind und wenn sie unseren Wertigkeiten wirklich entsprechen. Die erreichten Ziele bilden die Basis, auf der wir weitergehen können. Wäre jedoch das damit verbundene Hochgefühl von Dauer, würden wir stehen bleiben. Erst wenn sich neue ungestillte Bedürfnisse, Sehnsüchte und Anliegen bemerkbar machen, bekommen wir wieder Motivation und Antrieb.

Schätzen Sie realistisch ein, was es für Sie und für andere Beteiligte bedeutet, wenn Sie Ihr Ziel erreicht haben. (Vor-) Freude und Glück erleben Sie nicht nur im kurzen Moment des Ankommens, sondern auch, wenn Sie unterwegs sind. Wenn Sie Sinn finden im Weg *und* im Ziel, werden Sie nicht alles dem erstrebten Endergebnis opfern. Feiern Sei gebührend Ihre Erfolge und erholen Sie sich von den Strapazen. Und seien Sie gewiss: Wenn Sie etwas erreicht haben, wartet die nächste Herausforderung. Lebensziele werden genau wie Resilienz nicht ein für alle Mal, sondern immer wieder erreicht.

Wes' Herz voll ist, der muss handeln

Jörg Zink

Den mystischen Menschen stellt man sich gerne als eine Person vor, die in sich selbst einkehrt und in sich eine wohnliche Welt findet: ein glückliches Zuhause, ein Herz voll Licht und Freude. Er lässt die böse Welt hinter sich und findet sich selbst als ein glückliches Gotteskind. Aber damit läuft man an aller mystischen Erfahrung vorbei. Wenn ein Mensch, ob Mystiker oder nicht, mit einem ehrlichen Wirklichkeitssinn in sich selbst eintritt, dann findet er in sich alles wieder, wovor er draußen in der Welt weggelaufen war. Er findet jene Rumpelkammer des Verdrängten, jene Höhle unterdrückter Triebkräfte, jenes Tiefenversteck von lichtscheuen Gedanken und Regungen, die Jesus meint, wenn er sagt, die Menschen glichen Gräbern, die äußerlich hübsch erscheinen, innen aber gefüllt seien mit Totengebein, Gestank und Moder. Und jeder von uns, der einmal die lange Wendeltreppe in sein eigenes Unbewusstes hinabgestiegen ist, wird Ähnlichem begegnen. Begegnet er ihm nicht, so hat, was er findet, jedenfalls keine Wahrheit in irgendeinem spirituellen Sinn.

Aber wenn Sie nun noch tiefer steigen, kann es Ihnen widerfahren, dass Ihnen noch etwas ganz anderes begegnet. Meister Eckart spricht von dieser noch tieferen Zone in uns als vom Grund der Seele. Von ihm sprechen die Erfahrenen aller Kulturen und aller Religionen. Sie finden in ihrer eigenen Tiefe einen Wurzelboden, in dem der neue Mensch, der wandelbare, der veränderte, der begnadete aufwachsen soll. Sie finden einen Raum in der Tiefe, der ungleich größer und weiter ist, als sie selber allein es wären. In ihm begegnen sie plötzlich dem, der größer ist als sie selbst. So sagt George Fox, der Vater der Quäker, dort sei »etwas von Gott in ihnen«. Meister Eckart sagt: »In der Seele ist eine Kraft, die von mir selbst unberührt ist. Sie fließt aus dem Geist Gottes. In dieser Kraft grünt und blüht Gott ganz und gar und ist so herrlich, wie er in sich selbst ist.« Und ich möchte hinzufügen: Wenden wir uns unserer Seele zu, dem, was in ihr am tiefsten ist, so begegneten wir in ihr etwas, das größer ist als unsere Seele.

Wenn nun Jesus von diesem Seelengrund in uns spricht, dann sagt er uns ein Erstes: Wenn du auf dem Grund deiner selbst ankommst, dann wirst du bemerken, dass du ein Acker bist. In dich fällt ein Same. Ein Korn. Das soll aufwachsen, grünen und Frucht tragen. Diese Frucht in dir ist das Reich Gottes.

Und er sagt ein Zweites: Das Korn, das in dich hineinfällt, ist ein Wort. Das hörst du von außen kommen wie das Wort irgend sonst eines Menschen. Aber du wirst bemerken, dass es weiterspricht in dir selbst. Du wirst immer deutlicher erkennen, was es dir sagt. Gib ihm, diesem inneren Wort, nur deine Antwort. Lass es weiterreden. Gib ihm Raum in dir. Sieh zu, dass es nicht verstummt. Sieh zu, dass es geschützt wird und gedeihen kann. Aus ihm will in dir etwas vom Reich Gottes aufwachsen.

Jesus sagt ein Drittes: Du wirst bemerken, dass du das Wort, das in dir weiterspricht, nicht dir selbst zusprichst, dass es vielmehr von anderswo her redet. Dass der, der da redet, der ist, den wir Gott nennen. Dass du also ein Wirkraum der Stimme Gottes bist und nicht nur der Raum eines eigenen Willens. Du hörst ein äußeres Wort, das irgendjemand dir zuspricht. Du hörst ein inneres Wort und bemerkst, dass es Gott ist, der es in Wahrheit in dir spricht. Und nun sieh zu, dass dieser grundwichtige Zusammenhang zwischen dem äußeren und dem inneren Wort in dir nicht verloren geht.

Denn innen und außen sind eins. Deine innere Welt hängt aufs Dichteste mit deiner äußeren Welt zusammen, und was außen geschieht, das geschieht zugleich in dir selbst. Was aber in dir laut wird, das innere Wort, ist dir zugesprochen, damit du die Welt veränderst. Die treibende Kraft, mit der du nun hinaustrittst in die Welt der Menschen, um ihnen zu sagen, was du gehört hast, das bist du nicht selbst, das ist Gottes Geist. Und nun sind wir wieder am Ausgangspunkt, am Motto dieses Tages: Wessen Herz voll ist, der muss handeln. »Welche der Geist Gottes treibt«, sagt Paulus, »die sind Gottes Töchter und Söhne.«

Was also hast du in dir außer der Rumpelkammer deiner Seele? Du hast eine Lebenskraft, die die deine übersteigt. Eine Klarheit, die dich ordnet. Ein Vertrauen, zu dem du die Kraft nicht hättest. Sage also: Ich bin ein Ort Gottes. Mehr kann ich nicht werden und mehr soll ich auch nicht sein. Der Sinn meines Lebens liegt in dem Acker im Grund meiner Seele wie ein Schatz, den ich ausgraben soll und für den ich alles andere hergeben muss. Der Sinn meines Lebens hängt nicht irgendwo in den Wolken, die meine Fantasie an den Himmel meiner Wünsche zaubert, er wartet auf mich tief in mir selbst.

Wenn ich mir nun die Menschen ansehe, denen ich begegne, auch in meiner Kirche, so finde ich bei unendlich vielen eine seltsame Mattigkeit. Mir scheint, wohin immer ich komme, in den Seelen der Menschen die elementare Kraft zu fehlen, aus der sie eigentlich leben müssten. Müsste denn nicht aus der in der Tiefe unserer Seele aufkeimenden Kraft das kommen, was wir den Mut zum Sein nennen? Der Mut, in der

Welt zu stehen, der Mut, sich dem unberechenbar Lebendigen auszusetzen? Der Mut, zu widerstehen, wo deformiert, entwürdigt und zerstört wird? Der Mut, seinen Glauben und seine Überzeugung dem Anspruch von Mächten aller Art entgegenzustellen? Der Mut, ein Liebhaber des Lebens zu sein? Denn dieser Mut kommt, wenn wir die Gleichnisse von dem in uns aufwachsenden Reich Gottes hören, wie Grundwasser an unsere Wurzeln. Er kommt wie Regen von oben, und wie Licht von allen Seiten.

Der mutige Mensch aber, dessen Herz voll ist, verändert die Landschaft. Die Welt um uns her wird hoffnungsvoller. Es geht dann nicht mehr um unseren Erfolg. Es geht um die große Wirklichkeit, die in uns Raum gewonnen hat und die uns ins Neue, ins Andere, ins Größere mitnimmt. Es geht nicht mehr darum, was wir denn am Ende gefunden haben werden, sondern darum, ob und von wem wir gefunden worden sind. Es geht nicht mehr darum, dass wir den Weg kennen, den wir gehen wollen, sondern darum, ob man uns am Ende an unserem Gehen erkennt. Davon spricht danach der Apostel Paulus.

Wo Jesus vom Acker in unserer Seele spricht, da spricht Paulus vom Christus in uns. Wo Jesus uns als der Christus begegnet, als der Bevollmächtigte Gottes, da sagt Paulus: Wir sind berufen, uns selbst in Christus zu verwandeln. In die Bevollmächtigten Gottes. Denn das innere Wort, das der Geist Gottes in uns spricht, wandelt uns. Ist jemand in Christus, sagt er, so ist alles an ihm neu. Er sagt: Ich lebe, aber nun lebe nicht mehr ich, sondern Christus lebt in mir. Er sagt: Wir sind nicht weniger als der leiblich gegenwärtige Christus. Wir sind seine Wirkkraft, sein Leib.

Paulus spricht auch von unserem von Christus erleuchteten Geist. Christus will dich erleuchten! Er meint: Wer der aufgehenden Sonne entgegenblickt, dessen Gesicht spiegelt ihre Helligkeit. Seine Stirn ist dem Ge-stirn zugewandt. Sie leuchtet. Dem Erleuchteten wird erkennbar, wer eigentlich der ist, der da vor ihm aufgeht. Aber diese Helligkeit erscheint nicht nur unserem nachdenkenden Verstand, sie tagt auch in der Tiefe unserer Empfindung und wirft ihren Schein auf alles, was wir schaffen und gestalten. Und wenn sie zum Ziel kommt, dann stehen alle unsere Kräfte, die leiblichen, die seelischen und die geistigen, in einem neuen Licht. Und uns wird klar, was zu sagen und was zu tun ist.

Wo der Geist des Christus ist, sagt Paulus, da ist Freiheit. Wir schauen die Herrlichkeit Gottes wie in einem Spiegel. Wir werden in sein Bild verwandelt. Mehr und mehr wandelt er uns in sein Spiegelbild, in die Lichtfülle, die aus Gott kommt. Und weniger sollen wir nicht von uns halten.

Ob man all dies als Mystik bezeichnen will, mag offen bleiben. Es hängt wohl davon ab, was überhaupt wir als Mystik beschreiben. Aber Gotteserfahrung ist für Christen jedenfalls die Erfahrung, dass es mit dem Evangelium seine Wahrheit hat, dass das Evangelium uns erreichte. Dass uns zugewachsen ist, was das Evangelium meint: Befreiung, Entlastung, Heilung, Ermutigung, Befähigung. Und mit all dem ein Auftrag, eine Vollmacht: nämlich im Namen Gottes zu leben, zu reden und zu handeln. Jedenfalls wird, wenn Christus in uns ist, unser Herz voll sein.

Will man bei Paulus von Mystik reden, dann ist es bei ihm im Kern eine Wandlungsmystik. Er will sagen: Dadurch, dass uns der Geist Gottes gegeben ist, haben wir die offenen Augen von Menschen, die schauen. Was wir aber schauen, verwandelt uns. Schauen verbindet den, der schaut, mit dem, was er schaut. So entsteht in uns, wenn wir Christus schauen, der neue Mensch, der nach Christus gestaltet ist. Sein Bild prägt uns um zu unserer eigentlichen, eigenen Gestalt. Gott sendet seinen Geist. Wir nehmen ihn auf. Der Geist, der die Welt schuf, verbindet uns neu mit unserer Welt. Was aus Gott ist, wird in der Welt wirksam. Das ist unsere Aufgabe. Wenn davon das Herz voll ist, werden wir handeln.

Aber dies alles ist nur die eine Seite der mystischen Erfahrung. Es gibt, gerade bei den Großen unter den Erfahrenen, eine ganz und gar gegenteilige. Und ohne sie werden wir die Energie, mit der sie in die soziale und politische Wirklichkeit eingegriffen haben, nicht verstehen. Wir finden bei vielen eine tiefe, eine unbegreifliche Dunkelheit. Gerade weil sie das Licht so überwältigend erfahren, beginnen sie unter der Dunkelheit der Seele zu leiden, unter der »dunklen Nacht«, wie Johannes vom Kreuz sie nennt. Wir finden Menschen, deren Grunderfahrung von einer fressenden Zerstörungskraft ist und die selten noch irgendwo einen Sinn, eine Rettung, ein Licht sehen. Sie begegnen in ihrer eigenen Seele plötzlich dem dunklen Gott, oder sie begegnen plötzlich seiner gänzlichen Abwesenheit. Therese von Lisieux gehört in die Reihe oder der junge Martin Luther. Marie Noël, die französische Dichterin, gehört zu ihnen. Reinhold Schneider. Was sie erleiden, ist nicht eigentlich eine Depression, denn da findet, was in der Depression nicht geschieht, ein Kampf statt. Ein Kampf mit dem abwesenden Gott. Martin Luther spricht von »Anfechtung« und meint einen Angriff einer dämonischen oder teuflischen Macht gegen uns Menschen und Gottes Abwesenheit im Nichts. Das war für ihn kein Spiel der Gedanken, sondern eine verzweiflungsvolle Wirklichkeit. Die dunkle Nacht der Seele forderte von ihm und von vielen anderen einen Glauben, der gelernt hat, auf dem Nichts zu stehen, auf dem Nichts, das sie antreffen, wenn sie auf dem Grund ihrer Seele ankommen.

Auch die Gegenwart des Christus hellt die dunkle Nacht nicht auf. Sie bleibt dunkel. Die sichtbaren Dinge verlieren ihre Nähe, und die Welt hört auf, Heimat zu sein. Die Welt greift nur noch an.

Viele große Heilige der christlichen Geschichte waren seelisch krank. Nachtkrank sozusagen. Aber was wir heute als psychische Erkrankung ansehen, ist oft nichts als ein Merkmal für die Verwundbarkeit, mit der ein Mensch dem Dunkel des Daseins auf dieser Erde ausgesetzt ist. Es ist oft einfach die besondere Offenheit für Angst und Trauer, auch für Angst und Trauer anderer Menschen. So stiegen die großen Liebenden oft ab in die Dunkelheit, in der andere Menschen lebten, und sie konnten es, weil ihnen die Dunkelheit vertraut war. Sie wurden zu Kranken an der Seiten der Kranken, zu Schwachen an der Seite der Schwachen, zu Überwindern an der Seite derer, denen die Kraft zu überwinden fehlte. Zu Liebenden, die in die Einsamkeit der Ungeliebten abstiegen. Aber dabei blieb ihnen Gott nicht nur dunkel. Und viele von ihnen fanden erst in ihren letzten Stunden wieder ans Licht. Der Unterschied zwischen der dunklen Nacht der Seele und der Depression liegt in der großen und starken Kraft zu lieben, die dem liebenden Menschen selbst nicht mehr deutlich ist.

Es gehört beides zur Breite der mystischen Erfahrung: das überwältigende Licht und die tiefe Dunkelheit. Wer aber nun einem Menschen, der in der Erfahrung der Abwesenheit Gottes leidet und dann vielleicht vom Tod Gottes redet, vorwirft, er sei gottlos, der zeigt nur an, dass er nichts verstanden hat. Auch über Dorothee Sölle hat man mit dieser Ahnungslosigkeit geredet.

Wenn aber jemand nun zur Dunkelheit Gottes hinzu die tiefe Nacht empfindet, in der das Menschenleben sich abspielt, so wird er sich mit all seiner Kraft gegen diese Dunkelheit stemmen. Er wird sich aufgerufen wissen zu Widerstand, wo Unrecht, Gewalt und Entwürdigung von Menschen sich breit machen. Wo die Freiheit von Menschen zertreten wird von Menschen, von Mächten oder Strukturen.

Suchen wir nach einer Ethik aus dem Geist der Mystik, so werden wir sagen können:

> Wolle nicht dich selbst verwirklichen. So gewinnst du dich selbst.
> Scheue dich nicht, den Kürzeren zu ziehen. Das ist der Weg zur Gerechtigkeit.
> Lass dir etwas entgehen, so gibst du den Menschen um dich her mehr Leben.
> Wolle niemals einen Sieg. Das ist der Weg zum Frieden.
> Wolle nicht Recht haben. Das ist der Weg zur Gemeinschaft mit den Rechthabern.
> Sorge nie nur für dich selbst. Das ist der Weg zum Glück.
> Warte nicht für alle auf einen Lohn. Das ist der Weg zur Erfüllung.
> Versuche nicht, dich zu sichern. So wirst du frei und dein Weg offen sein.
> Halte dich nicht für erleuchtet, so wirst du dem Licht Gottes Raum schaffen.
> Lass dich los. So bekommst du dich selbst in die Hand.
> Niemand steht über dir, außer Gott allein. Du kannst also für deine Überzeugung stehen gegen jeden Trend und jede Macht.
> Wisse: Es gibt keine Antwort. Aber gib die deine.
> In dir ist Frieden, also übe dich in der Kunst, Frieden zu stiften.
> Du hast dein Ziel vor dir. Du kannst also leben und für dieses Ziel wirken.

Offenheit für Überraschung

David Steindl-Rast

In jenen Augenblicken, in denen wir wirklich lebendig sind, erfahren wir das Leben als Geschenk. Auch als Überraschung erfahren wir das Leben. Glaube ist die dankbare Antwort des Herzens auf das Leben als Geschenk. Die Herzensantwort auf das Leben als Überraschung ist, wie wir noch sehen werden, die Hoffnung. Je mehr wir uns der Einsicht öffnen, dass das Leben Geschenk ist, desto mehr wird aus unserem Leben ein Leben des Glaubens, ein Leben gläubigen Vertrauens in den Geber. Natürlich ist der Glaube selbst Geschenk: Die Treue Gottes schenkt uns Vertrauen als unsere eigene gläubige Antwort. Wir dürfen also den Glauben als Gottes eigenes Leben in uns selbst verstehen. Hoffnung ist ein weiterer Aspekt derselben Lebensfülle. Je tiefer die Einsicht, dass unser Leben überraschend ist, desto mehr wird es ein Leben voller Hoffnungen sein, ein Leben voller Offenheit für das Überraschende. Überraschung aber ist ein Name Gottes. Tatsächlich ist Überraschung vielleicht der einzige Name, mit dem wir es wagen dürfen, den Namenlosen zu benennen. Zwar gelingt es auch dem Namen Überraschung nicht, Gott zu benennen. Indem wir ihn aussprechen, gelingt es uns aber zumindest, unser Herz für die Erkenntnis offen zu halten, das Gott mit keinem Namen eingefangen werden kann. Und das macht gerade aus unserer Unzulänglichkeit einen Erfolg. Hier stehen wir schon mitten im Paradox der Hoffnung.

Wir dürfen auch die Hoffnung als Gottes eigenes Leben in uns selbst verstehen. Wenn Glaube das Vertrauen in den Geber aller Gaben ist (ein leicht erkennbarer Name Gottes), dann ist Hoffnung die Offenheit für Überraschung. Die größte Überraschung ist es aber, Gott in uns selbst zu begegnen.

Dies lässt uns fragen: »Wann aber sind wir endlich offen« in der Hoffnung? Der Dichter Rilke blickt in den weit geöffneten Blütenstern einer Anemone und ist von der gleichen Frage betroffen. Er staunt über den Blumenmuskel, der den Blütenkelch nach und nach dem Morgenlicht erschließt. Jener Muskel des unendlichen Empfangens, in den stillen Blütenstern gespannt, ist manchmal so von der Fülle des Lichts übermannt, dass er kaum vermag, die weitgeöffneten Blüten bei Sonnenuntergang wieder zu schließen. Und wir, so fragt der Dichter – »wann sind *wir* endlich offen und Empfänger?«

Erinnert uns das nicht wieder an jene Auenblicke, in denen wir selbst von des Lebens Fülle überwältigt waren? Da waren wir von Freude überrascht. Wie flüchtig diese Erfahrung auch war, jetzt kennen wir die Freude, für Überraschungen offen zu sein. Einen Moment lang fühlten wir uns uneingeschränkt willkommen, und das erlaubt uns seither, das Leben ohne Einschränkungen willkommen zu heißen. Der Geschmack jener Augenblicke erweckt in uns eine Leidenschaft für das Leben mit seinen schier grenzenlosen Möglichkeiten. Jene Leidenschaft ist Hoffnung: »Leidenschaft für das Mögliche.«

Das Leben selbst wird unsere Hoffnung Schritt für Schritt läutern, wenn wir mit Leidenschaft für das Mögliche leben. Indem wir voranschreiten, werden die Grenzen des Möglichen weiter und weiter, bis in den Bereich des scheinbar Unmöglichen hinausgeschoben. Früher oder später erkennen wir, dass das Mögliche keine festen Grenzen kennt. Was wir für eine Grenze hielten, stellt sich als Horizont heraus. Und wie jeder Horizont weicht er zurück, während wir uns ins volle Leben hineinbegeben.

Diese Entdeckungsfahrt, die ihren Umweg in der Leidenschaft für das Mögliche hat, ist unsere religiöse Suche, angetrieben von der Ruhelosigkeit unseres menschlichen Herzens. Hoffnung macht unser religiöses Suchen zu dem, was es ist. Wir können mit einer Definition von Hoffnung als »erwartungsvolles Verlangen« beginnen. Es gibt Ereignisse, die wir erwarten, nach denen wir aber nicht verlangen, die wir aber nicht erwarten. Erwartung allein ist nicht Hoffnung, wie auch Verlangen allein nicht Hoffnung ist. Unser Verlangen nach Unerwartetem ist nichts als Träumerei. Erwartung dessen, wonach wir nicht verlangen, kann ein Alptraum werden. Hoffnung aber schweißt Erwartung und Verlangen zusammen und schickt uns hellwach hinaus auf unsere Entdeckungsfahrt.

Eine gesunde Ruhelosigkeit kennzeichnet die Suche, auf die unsere Hoffnung uns ausschickt. Sowohl Erwartung wie Verlangen enthalten ein Element des »noch nicht«. Wir erkennen noch nicht klar, was wir erwarten. Wir besitzen noch nicht, wonach wir verlangen. Wir sind noch auf dem Weg dorthin. Und doch nehmen sowohl Erwartung als auch Verlangen das Ziel schon vorweg. Aus der Ferne sehen wir bereits das, was wir noch erwarten. Wir haben unser Herz bereits auf das gesetzt, wonach wir noch verlangen. (Es sei hier daran erinnert, dass das andere Wort für Verlangen, »Wünschen« oder »Wunsch« im Mittelhochdeutschen auch die Bedeutung von »Vermögen, etwas Außerordentliches zu schaffen« hatte.) Jedes »noch nicht« lässt unsere Suche ruhelos bleiben. Jedes »schon jetzt« hält jene Ruhelosigkeit gesammelt.

Wie schwer ist es, in der kreativen Spannung der Hoffnung zu leben, der Spannung zwischen dem »noch nicht« und dem »schon jetzt«! Reißt die Spannung, dann wird unsere Suche zu einem rastlosen Umherirren, oder aber sie bleibt in einem zwanghaften Sichniederlassen stecken. Das lässt sich überall beobachten, selbst im geistlichen Streben. Da gibt es manche, die schon jetzt alles wollen.

Ein »noch nicht« können sie nicht ertragen. Ankommen zählt, sonst nichts. Sie möchten alles ein für alle Mal geklärt und geregelt haben, je eher desto besser. Das Auf-dem-Weg-Sein ist für sie eine Plage. Andererseits gibt es solche, die so auf das Suchen versessen sind, dass das Finden zu einer Bedrohung wird. Finden würde ja der Suche ein Ende bereiten. Es würde das Spiel verderben. An der Entdeckungsfahrt fasziniert sie ausschließlich das »noch nicht«.

Jene, die sich zwanghaft sofort niederlassen wollen, betonen den einen Pol der großen Suche auf Kosten des anderen Pols, den der ruhelose Wanderer überbetont. Dadurch polarisiert sich die Hoffnung.

Die zwanghaften Siedler haben Angst vor der Ungewissheit des Auf-dem-Weg-Seins. Können wir es ihnen verübeln? Sie sind sich der Gefahren bewusst, denen wir uns aussetzen, solange wir auf dem Weg sind. Ziellose Wanderer hingegen sind sich bewusster, wie viel es uns kostet, uns einem Ziel zu verpflichten. Ist es zu verurteilen, wenn sie sich vor jener Verpflichtung fürchten? Wir sollten vielmehr die Siedler für ihren Mut, sich niederzulassen, und die Wanderer für ihren Mut, unterwegs zu sein, bewundern. Dann aber sollten wir einen Schritt weitergehen und von beiden das lernen, was wir bewundern. Dieser doppelte Mut muss Angst durch den Glauben überwinden, damit die Hoffnung sich entfalten kann. Auch in diesem Sinne geht der Glaube der Hoffnung voran.

Die Furcht vor den Gefahren, die uns auf dem Weg begegnen könnten, ist groß und berechtigt; das trifft in noch größerem Maße auf die Furcht vor dem Wagnis der Bindung zu. Es bedarf großen Mutes, diese doppelte Furcht durch den Glauben zu überwinden. Wir schaffen es, indem wir den Wagemut des Nomaden mit dem des Siedlers verbinden, und das gibt uns den Mut des Pilgers. Der zwanghafte Siedler in uns wagt es, sich zu binden, fürchtet sich aber davor, unterwegs zu sein. Der unstete Nomade in uns wagt den Weg, fürchtet sich aber vor der Bindung. Nur der Pilger in uns kann diesen Zwiespalt überwinden. Der Pilger weiß, dass sich jeder Schritt auf dem Weg als das Ziel herausstellen kann, andererseits kann sich das vermeintliche Ziel als doch nur ein Schritt auf dem Weg erweisen. Dies hält den Pilger offen für Überraschungen. Hoffnung kennzeichnet den Pilger. ...

Wieder und wieder finden wir in der Bibel ein Bild für die Abenteuer des Herzens: das Bild des Weges. Das Bild erhält noch tiefere Bedeutung, wenn wir uns darin erinnern, dass in der Bibel Weg immer Pilgerweg bedeutet. Es ist der Weg, auf dem uns überraschenderweise der nächste Schritt schon zum Ziel führen kann, während das Ziel sich, auf ebenso überraschende Weise, als nur der erste von vielen weiteren Schritten herausstellen kann. Das Bild des Weges sagt uns, dass wir uns nicht fürchten müssen, die Ungebundenheit der Suche zu verlieren, selbst wenn wir finden. Wir müssen aber auch nicht fürchten, die Freude am Gefundenen zu verlieren, selbst wenn die Suche immer weitergeht. In seinen *Four Quartets* spricht T. S. Eliot von dem Paradox, »still sein und dennoch vorangehen«, dem Paradox der Hoffnung. Seine Einsichten sind so klar und so treffend ausgedrückt, dass ich hier gerne ein paar von Eliots poetischen Zeilen in meine eigenen tastenden Versuche, über Hoffnung zu sprechen, einfügen möchte:

> Wir werden nicht nachlassen in unserem Kundschaften
> Und das Ende unseres Kundschaftens
> Wird es sein, am Ausgangspunkt anzukommen
> Und den Ort zum ersten Mal zu erkennen.

»Wir werden nicht nachlassen in unserem Kundschaften«, weil »auf dem Weg sein« das Unterwegssein bedeutet. Es spielt kaum eine Rolle, ob wir uns auf der falschen oder

der richtigen Straße niederlassen. Solange wir sitzen, sind wir nach nirgendwo hin auf dem Weg. Wann immer wir uns bequem niedergelassen haben, sagt Gott: »Eure Wege sind nicht meine Wege« (Jesaja 55,8). Das lässt die Illusion von Sicherheit zerbrechen und wirft uns wieder hinaus auf die kalte, dunkle Straße. Und das ist ein Segen. Arg wäre es, wenn Gott uns uns selbst überließe, bis uns übel würde von dem, was wir am meisten wünschten. Im Gefundenen steckenzubleiben, ist nicht besser als beim Suchen uns selbst zu verlieren.

Früher oder später werden wir erkennen, dass nicht unser Finden wirklich zählt, sondern unser Gefundenwerden. Wir werden sehen, dass es nicht darauf ankommt, dass wir den Weg kennen, sondern dass wir an unserem Gehen erkannt werden. Biblisch ausgedrückt heißt das: »Es kennt der Herr den Weg des Gerechten« (Psalm 1,6), und das ist es, was zählt.

Als Pilger haben wir ein Ziel. Aber der Sinn unserer Pilgerfahrt hängt nicht davon ab, dass wir dieses Ziel erreichen. Wichtig ist, dass wir in unserer Hoffnung offen bleiben, offen für die Überraschung, denn Gott kennt unseren Weg viel besser als wir selbst. In diesem Wissen kann unser Herz Ruhe finden, auch während wir weiterwandern. Hoffnung als die Tugend des Pilgers vereint Stille mit Bewegung. …

Die Spannung der Hoffnung zwischen dem »schon jetzt« und dem »noch nicht« ist die Grundlage für ein Verständnis von Pilgerschaft. Sie ist die Grundlage jener Sinnsuche, die wiederum die Pilgerfahrt jedes einzelnen menschlichen Herzens ist. Wann immer wir auf etwas stoßen, das Sinn hat, dann ist dieser Sinn schon jetzt und doch noch nicht gegeben. Er ist da, aber er führt noch weiter. Sinn findet man nicht wie Blaubeeren auf einer Waldlichtung – als etwas, das man mit nach Hause nehmen und im Einmachglas aufbewahren kann. Sinn ist immer etwas Frisches. Er leuchtet uns plötzlich ein, so wie die Strahlen der Nachmittagssonne plötzlich auf unsere Waldlichtung fallen. So oft wir hinschauen, können wir in diesem Licht immer neue Wunder entdecken.

Der heilige Paulus nennt den sich unendlich entfaltenden Sinn »Christus in uns, unsere Hoffnung auf Herrlichkeit« (2. Korinther 1,27). Wir werden die Verbindung zwischen Hoffnung und Herrlichkeit später untersuchen. Im gegenwärtigen Zusammenhang ist uns nur wichtig, dass Paulus diese Hoffnung auf Herrlichkeit als schon jetzt und zugleich als noch nicht gegeben betrachtet. Einerseits ist es »Christus in uns« *(ibid)*, die Christuswirklichkeit im Herzen unserer Lebendigkeit. Und somit handelt es sich um etwas uns ganz persönlich Gegebenes. Gleichzeitig aber ist jenes Leben noch »mit Christus in Gott verborgen« (Kolosser 3,3), in dem Gott grenzenloser Möglichkeiten – in der Zukunft, der Überraschung der Hoffnung. *»(Schon) jetzt* sind wir Kinder Gottes. Und *noch* ist *nicht* offenbar geworden, was wir sein werden« (1. Johannes 3,2). Wir sind noch auf dem Weg. Der Weg aber ist schon Christus.

Der Seinsgrund, die Matrix allen Lebens, der unsichtbare Gott, »der Gott der Hoffnung« (Römer 15,13). Und deshalb ist »das Ebenbild des unsichtbaren Gottes« (Kolosser 1,15) auch »der Weg« (Johannes 14,6), Symbol der Hoffnung. Jene, die auf diesem »neuen und lebendigen Weg« (Hebräer 10,20) wandeln, werden »immer reicher an Hoffnung (...) durch die Kraft des Heiligen Geistes« (Römer 15,13). Denken wir über diese Schriftstellen nach, dann erkennen wir, wie Hoffnung im Mysterium des Dreieinigen Gottes wurzelt. Der Vater, von dem wir kommen und zu dem wir gehen, ist der »Gott der Hoffnung«. Der Sohn, in dem wir leben und der in uns lebt, ist »unsere Hoffnung«. Der Heilige Geist, Gottes eigenes Leben in uns, macht uns »immer reicher an Hoffnung.«

Der Geist Gottes erfüllt das Universum und bezieht die ganze Schöpfung ein in jene großartige Bewegung der sich entfaltenden Hoffnung. Der heilige Paulus beschreibt dieses kosmische Aufwallen der Hoffnung in seinem Brief an die Römer in Kapitel 8, Vers 14–25, eine Stelle, die es verdienen würde, in diesem Zusammenhang wieder einmal gelesen zu werden. Gott ist und kommt. Das »schon jetzt« und das »noch nicht« läuft in Gott zusammen. Den Gott der Hoffnung müssen wir uns als »still (…) und dennoch vorangehen(d)« vorstellen. Hoffnung, als Gottes Leben in uns, entfaltet sich in jener schöpferischen Spannung. T. S. Eliot:

> Wir müssen still sein und dennoch vorangehen,
> Mit vertiefter Empfindung,
> Zu neuer Vermählung, tieferer Vereinigung …

Die Überraschung in der Überraschung jeder neuen Entdeckung besteht darin, dass es immer noch Neues zu entdecken gibt. Hoffnung hält die Gegenwart offen für eine völlig neue Zukunft. Wir wollen jedoch nicht vergessen, dass es wenig Sinn hat, von Gott, Vergangenheit und Zukunft in einem Atem zu sprechen. Gott lebt im »Jetzt, das nicht ergeht.« In die Zeit hinein projiziert, entfaltet sich Gottes Jetzt als Vergangenheit, Gegenwart und Zukunft. Als ein Aspekt von Gottes eigenem Leben, »bleibt« die Hoffnung (1. Korinther 13,13). Wie wir sie erfahren, ist die Hoffnung in besonderer Weise auf die Zukunft bezogen. Hoffnung hält uns im doppelten Sinne offen: für eine Zukunft in der Zeit und für eine Zukunft jenseits von Zeit, für Gottes Jetzt. Diese göttliche Zukunft kommt nicht erst später. Die Hoffnung öffnet uns für sie, indem sie jeden Moment »Wo sich Zeitloses schneidet mit der Zeit« macht *(Four Quartets).*

Hoffnung ist realistisch. Der Realismus der Hoffnung

ist Demut. Realismus gilt heute als Tugend. Aber Demut? Es ist an der Zeit, dieses schöne Wort aus dem pietistischen Jargon zurückzuretten. Im Englischen heißt Demut *»humility«*; *»humility«* ist unmittelbar mit *»humus«* (Humus, Erde) verwandt und mit einer Erdhaftigkeit, die wir gerade erst wieder entdecken. *»Humility«* ist erdhaft, und damit auch mit *»humor«* (Humor) und schlichter *»humanness«* (Menschlichkeit) verwandt. Nur wenn wir erdhaft sind, können wir über uns selbst lachen; und das macht uns *»human«* (menschlich). Die etymologischen Verbindungen lassen sich im Deutschen nicht nachvollziehen. Die psychologischen Verbindungen aber sind gekennzeichnet durch den Humor eines demütigen Realismus. Und dieser Humor ist die gewinnendste Eigenschaft der Hoffnung.

Die Welt ist noch nicht ausgeschöpft. Lass mich morgen etwas sehen, das ich bisher noch nicht sah.
Samuel Johnson

Eine Geschichte auf dem Weg

Nossrat Peseschkian

Im Orient lebte ein alter weiser Mann. Er war beliebt im ganzen Lande, und wann immer einer seiner Mitmenschen Sorgen hatte, ging er zu ihm, um Rat zu holen. Denn der alte weise Mann konnte aus einer reichen Lebenserfahrung schöpfen und gab stets guten Rat. Dies wiederum machte einige seiner Mitbürger neidisch, die selbst gern für klug und weise gehalten worden wären. Sie beschlossen, dem alten Mann eine Falle zu stellen. Aber wie?

Nach längerem Nachdenken kam man auf folgende Idee: man wollte eine winziges Vögelein fangen, es dem alten Mann in der geschlossenen Hand präsentieren und ihn fragen, was sich in der Hand befinde. Sollte der alte Mann wider Erwarten die Frage richtig beantworten, so würde er mit Sicherheit an einer weiteren Frage scheitern, nämlich der, ob es sich bei dem Vögelein um ein lebendes oder ein totes handele. Würde er nämlich sagen, es handele sich um ein lebendes, so könne man die Hand zudrücken, und das Vögelein sei tot. Würde er hingegen sagen, es handele sich um ein totes Vögelein, so könne man die Hand öffnen und das Vögelein wegfliegen lassen. So vorbereitet erschien man vor dem alten weisen Mann und fragte ihn wie zuvor besprochen.

Nach einiger Überlegung antwortete der alte weise Mann auf die erste Frage: »Das, was Ihr in der Hand haltet, kann nur ein ganz winziges Vögelein sein.«

»Nun gut«, sagten die Neidischen, »da magst du recht haben, aber handelt es sich um ein lebendes oder ein totes Vögelein?«

Der alte weise Mann wiegte seinen Kopf eine Weile hin und her, schaute dem Frager dann in die Augen und sagte:

»Ob das, was Ihr in der Hand haltet, lebt oder tot ist, das liegt allein in Eurer Hand.«

Der Weise aus dieser Geschichte wusste von der Tatsache, dass wir es alle in der Hand haben, die Wirklichkeit zu verändern. Er kannte auch die Überlegungen seiner Frager und konnte entsprechend reagieren: Er machte deutlich, dass es von ihrer Gestaltungsfreiheit abhängt, wie das »Ergebnis« aussieht. Und gleichzeitig ließ er sich selbst nicht von festgefügten Vorstellungen einengen.

Überrascht von Freude:

Wetten, dass es gut ausgeht!

Mir wird nichts mangeln

Psalm 23

Der Herr ist mein Hirte,
  mir wird nichts mangeln.
Er weidet mich auf einer grünen Aue
  und führet mich zum frischen Wasser.
Er erquicket meine Seele.
  Er führt mich auf rechter Straße
  um seines Namens willen.
Und ob ich schon wanderte im finstern Tal,
  fürchte ich kein Unglück;
denn du bist bei mir,
  dein Stecken und Stab trösten mich.
du bereitest vor mir einen Tisch
  im Angesicht meiner Feinde.
Du salbest mein Haupt mit Öl
  und schenkest mir voll ein.
Gutes und Barmherzigkeit werden mir folgen mein Leben lang,
  und ich werde bleiben im Hause des Herrn immerdar.

Hoffnung in einer hoffnungslosen Welt

Kathy Galloway

Wir leben in einer Zeit, in der wir den Wert gemeinschaftlicher Freude neu entdecken müssen. Immer weniger Menschen machen die Erfahrung, dass Teilen eine große Bereicherung im Leben mit anderen sein kann. Wir machen immer seltener die Erfahrung, anderen vertrauen zu können, etwas gemeinsam mit anderen zu Wege zu bringen, uns als Teil in einem Ganzen zu sehen, worin wir wechselseitig voneinander abhängig sind. Und tragischerweise unterstützt unsere Politik ebenso wie unsere Wirtschaft diesen Trend. Es entspricht dem Wettbewerbsdenken des Marktes, dass es immer schwieriger wird, sich in einer anspruchsvollen gemeinsamen Aufgabe zu engagieren, in der die Zusammenarbeit nicht nur als Notwendigkeit, sondern auch als Bereicherung wahrgenommen wird. Fertigkeiten, Wissen und Information sind Qualitäten, mit denen in zunehmendem Maße Handel getrieben wird und die entsprechend eifersüchtig bewacht werden.

Und wenn wir erst einmal den Glauben in unser Vermögen zu dauerhaften Beziehungen verloren haben, dann erscheint es vielen einfacher, gar nicht erst den Versuch zu wagen, sich auf neue Beziehungen einzulassen – eine Tendenz, die dadurch beschleunigt wird, dass uns jederzeit ein reiches Arsenal von Mitteln zur Verfügung steht, kraft derer wir uns hinter unseren selbst errichteten Mauern verschanzen können. Auf diese Weise ist sichergestellt, dass wir mehr und mehr den Kontakt zu anderen Menschen verlieren. Infolge dessen haben wir natürlich auch immer weniger Chancen, die Erfahrung geteilter Freude zu machen.

Diese Isolation zu knacken, damit das Leben geteilt und gemeinsam genossen werden kann, ist ein riskantes Unternehmen, wenn das Vertrauen in die Möglichkeit gemeinsamer Freude geschwunden ist. Und damit meine ich auch die Möglichkeit »gemeiner« Freude, also solcher, die im Allgemeinen, Gewöhnlichen, Alltäglichen liegt. Genau dorthin ruft uns das Evangelium: in eine Spiritualität des Alltäglichen, die der Spiritualität des Marktes geradewegs entgegengesetzt ist. Die Spiritualität Jesu weist in die mystische Dimension des alltäglichen Tuns mitten in der Welt.

Was dies bedeutet, können wir von den Jüngern Jesu lernen. Als sie von Jesus aufgefordert wurden, ihm zu folgen, mussten sie feststellen, dass diese Berufung tief gehende Implikationen hatte. Sie lernten, dass sie sich in der Öffentlichkeit bewähren mussten – dass sie sich in ihrem Glauben, ihren Hoffnungen und ihren Mängeln dem Offenen ausliefern mussten. Sie lernten, ihr Leben im gemeinsamen Tun und im gemeinsamen Gehorsam zu führen. Sie lernten, aktiv und nicht passiv zu sein – sich nicht in ein asketisches Leben zurückzuziehen, wie es die Anhänger Johannes des Täufers taten, oder sich in Gelehrsamkeit und Theorie zu flüchten wie die Pharisäer. Sie lernten, sich zuweilen in verrufener, zumindest befremdlicher Gesellschaft zu bewegen. Sie lernten dies alles, indem sie es lebten.

Die Jünger hatten mit alledem gehörig zu kämpfen. Einige von ihnen dachten, Jesus müsse doch ein besseres Programm haben. Manche meinten, er erlaube zu viele Ausnahmen. Es gab viel, was sie nicht verstanden. Aber als sie mehr zu verstehen und auf Jesu Weise die Welt zu sehen begannen, da forderte er sie auf, sich immer stärker an seinem Dienst zu beteiligen. Und als dann ihr Engagement als Gruppe und ihre Loyalität stärker wurden, bekamen sie von Jesus individuelle Aufgaben. Ihr individuelles Engagement wurde von ihm vertieft und genährt und er erinnerte sie fortwährend daran, dass sie nicht deswegen berufen wurden, weil sie frommer oder moralischer gewesen wären als andere, sondern weil er einen Job für sie hatte.

So wurde ihr Leben getragen von der Mystik des Handelns. Diese hat einige Charakteristika, die auch für unser Leben heute gültig sind.

- Sie ist gekennzeichnet durch *Bewegung.* Die Jünger waren Menschen auf ständiger Wanderschaft. Sie hatten wenig Gelegenheit, über den Zustand ihrer Seelen zu grübeln.
- Sie ist gekennzeichnet durch eine große Nähe *zum gesellschaftlichen Leben.* Die Jünger hatten ständig zu tun mit Leidenden, Zornigen, Unterdrückten, Ausgeschlossenen. Von ihnen wurden sie physisch wie mental gleichsam erdrückt. In ihrem Leben ging es oft schmutzig, chaotisch und furchterregend zu.
- Sie ist gekennzeichnet durch ein tief gehendes *Fragen* – dabei denke ich nicht nur an die oft zweifelnden und konfusen Fragen der Jünger an Jesus, sondern daran, dass sie selbst immer wieder durch Jesus in Frage gestellt wurden, indem er sie nötigte, Rede und Antwort zu stehen. Antworten auf einer Ebene zu formulieren, die sowohl ihren Intellekt als auch ihr Gefühl überstieg und sie zu rein intuitiven Entscheidungen nötigten.
- Sie ist gekennzeichnet durch ein hohes Maß an *Zusammenarbeit.* Die Jünger gehörten zu einer Gemeinschaft, in der man sich nicht immer liebte, in der man sich nicht immer einig war oder einander vertraute – die ständig wuchs, zu der Menschen stießen, die sich nicht mochten, aber mit denen man klarkommen musste, wenn man den Weg mit Jesus beschreiten wollte.
- Und vor allem ist sie gekennzeichnet durch eine einmalige und intensive persönliche *Hingabe an Jesus.* Die Jünger schlossen sich Jesus nicht an, weil sie intellektu-

ell oder moralisch von ihm überzeugt waren. Sie folgten ihm, weil er sie gefragt hatte – und weil sie es liebten, mit ihm unterwegs zu sein.

Heimat, Familie, Freunde, das Land, die Straßen der Städte, der Wandel der Jahreszeiten und die Lebenszyklen einer Gemeinschaft, Dichtung und Gebet, die Leidenschaft für Gerechtigkeit und die Einsamkeit, auch die merkwürdigen Engel schwerer Zeiten – dies alles bewegt mich und reizt mich, es nährt mich und fordert mich. Und es stimmt mich hoffnungsvoll. Dies alles inspiriert mich und atmet in mir. Dies alles macht meine Spiritualität aus. All dies ist äußerst gewöhnlich und ganz sicher nicht besonders religiös. Aber es hat, wie mir scheint, etwas mit der Wirklichkeit zu tun – und mit unserem Menschsein im eigentlichen Sinne. Dabei ist es nebensächlich, ob man religiös ist – ja sogar, ob man Christ oder Christin ist. Hier geht es um die frohe Botschaft des Menschseins. Der christliche Glaube verleiht mir eine Sprache, mit der ich der Erfahrung des Menschseins Worte verleihen und meiner Liebe zu ihm Ausdruck geben kann. Der Glaube verleiht mir ein sakramentales Leben, in dem die Erinnerung an Leiden in Hoffnung gewandelt werden kann; er schenkt mir eine Gemeinschaft, die immer offen ist für andere; er gibt mir eine Geschichte, mit der man leben kann. Aber das, worum es wirklich geht, ist das Menschsein, nicht die Religion.

Im Leben dieser Welt finde ich kreative Kraft und Schönheit, aber auch ein Erschreckendes, das ein äußerstes Geheimnis bleibt. In der Intimität, in der Einsamkeit, im Wandel menschlicher Verhältnisse finde ich eine dynamische Energie, die sowohl befreit als auch diszipliniert. Und irgendwo auf der Straße, genau dort, vor mir, mich beim Namen rufend, ist Jesus, der immer persönlich in mein Leben tritt. Diese Trinität des Lebens zieht mich so unwiderstehlich an, dass ich ständig darum ringe, das zu tun, was Thomas Merton einst in Worten beschrieb, die mich zutiefst erschütterten, als ich sie zum ersten Mal las: »die Aufgabe des letzten Willens an Gott« *(the surrender of the deep will to God).* In dieser Aufgabe, glaube ich, liegt meine ganze Hoffnung, Mensch sein zu können: schöpferisch mit dem Wandel zu leben und Gerechtigkeit zu tun.

In einer Ecke meines Zimmers gibt es einige Kleidungsstücke, die den anderen Kalender markieren, nach dem ich lebe. Er ist zeitlich, ja, aber er wird nicht bestimmt durch die Monate des Jahres – denn was er anzeigt, sind die Jahreszeiten des Menschseins: Purpur für Schmerz und Sehnsucht, für die Umarmung der Leere; Schwarz für die Wirklichkeit des Todes; Weiß für ein neues Leben; Rot für das Feuer unserer Lebendigkeit; Grün für Kreativität und Engagement; Gold für die Feier. Er spricht von meinem Leben, weil er von jedem Leben spricht – vom Leben, das von dem göttlichen Mysterium der Liebe gehalten wird. Von diesem Mysterium kann nichts uns trennen: Es ist die Liebe, in der wir alles finden, weil sie uns immer schon gefunden hat.

Selig sind die sanft Mutigen;
sie werden das Land besitzen.
Leipzig, Herbst 1989

Es segne dich

Gebet aus dem Kongo

Der Herr segne dich!
Er erfülle deine Füße mit Tanz,
deine Arme mit Kraft.
Er erfülle dein Herz mit Zärtlichkeit,
deine Augen mit Lachen.
Er erfülle deine Ohren mit Musik,
deine Nase mit Wohlgerüchen.
Er erfülle deinen Mund mit Jubel,
dein Herz mit Freude.
Er schenke dir immer neu
die Gnade der Wüste: Stille –;
frisches Wasser – und neue Hoffnung.
Er gebe uns allen immer neu die Kraft,
der Hoffnung ein Gesicht zu geben.

Freude, Inspiration, Hoffnung

Verena Kast

Die gehobenen Emotionen: Freude, Inspiration, Hoffnung und andere machen weit, sie beschwingen uns, regen uns an, sie geben uns eine gewisse Leichtigkeit, aber sie schaffen auch Verbundenheit unter den Menschen. Das ist der Grund, weshalb ich gerade diese Emotionen als ausgesprochen wichtig empfinde. …

In unserer Gesellschaft muss man immer begründen, warum man Emotionen der Gehobenheit hat. Menschen, die freudig oder heiter sind und im Gefolge dieser Emotionen vielleicht auch optimistisch, müssen für ihren Optimismus Gründe angeben. Wenn wir dagegen pessimistisch gestimmt sind oder das Gefühl haben, uns an allem und jedem zu stoßen und auch von der Welt hart gestoßen zu werden, dann müssen wir dieses Lebensgefühl nicht begründen, denn dass alles kaputtgeht, das ist eigentlich klar. Aber wenn man sich freut, so muss man erklären, woher man nur diesen unverständlichen Optimismus nimmt. Dagegen wehre ich mich, denn wenn die Pessimisten recht hätten, müsste die Welt doch schon längst untergegangen sein. Ich meine nicht, dass es zum Besten um sie bestellt ist, aber sie lebt noch, und wir leben noch und könnten auch einiges verändern. Ich wehre mich dagegen, dass man das Gefühl des Bekümmert-Seins nicht begründen muss, sehr wohl aber das Gefühl des Gehobenseins.

Wenn wir Freude haben und zeigen, werden wir sehr leicht in die »naive Schublade« geschoben. Dabei ist es eigentlich schöner, mit freudigen, heiteren Menschen zusammen zu sein, als mit umwölkten, bekümmerten, düsteren. Man traut jedoch diesen gehobenen Gefühlen nicht:

Das geht so weit, dass Freude als verdeckte Angst gesehen wird, als eine Form der Abwehr im Sinne einer Reaktionsbildung. Man muss sich dann logischerweise die Frage stellen, welche Angst man gerade verdrängt. Eine solche Argumentation offenbart sehr viel Angst vor der Freude. Es ist natürlich vollkommen richtig, dass eine sehr laute Freude, die wenig vom Charakter der Freude hat, durchaus Angst zudecken kann. Ich erinnere mich in diesem Zusammenhang an eine Situation in einer Jugendgruppe, in der wir einen Streich ausgeheckt und ausgeführt hatten. Eigentlich hatten wir Angst bekommen, und doch haben wir uns einander alle versichert, dass wir einen »Mordsspaß« hätten an dem, was wir da getan haben. Und dadurch, dass wir es einander so sicher versichert hatten, kam so etwas wie Freude auf. Nach außen hat es vielleicht auch wie Freude ausgesehen, aber es war verdeckte Angst. Das heißt aber nicht, dass jede Freude verdeckte Angst ist. …

Von der Freude, der Inspiration, der Hoffnung her erschließt sich uns ein ganz anderes Wesen des Menschen, nämlich seine Fähigkeit zur Solidarität und Mitmenschlichkeit. Es ist ganz deutlich, dass sich bei Emotionen der Gehobenheit unser Gemeinschaftsbewusstsein verändert. Wenn wir zum Beispiel zu einem Fest kommen, sehen wir vielleicht am Anfang die Leute eher kritisch an und fragen uns skeptisch, was das wohl werden wird. Wenn es dann wirklich ein Fest wird – das kann man ja nicht bewusst machen –, dann sind die Menschen plötzlich gar nicht mehr schrecklich. Was uns vorher zu bürgerlich erschienen ist, finden wir plötzlich originell, wir schauen dann nicht mehr so genau hin. Das Gemeinschaftsbewusstsein dominiert über die ängstliche Kritik. Und genau das ist es, was man den Emotionen der Gehobenheit vorwirft: Haben sie uns nämlich ergriffen, so erheben wir uns über die Härte des Alltags; wir werden kritiklos, hören auf, die

Abgründe zu sehen usw. Wir sind unernst, wir springen über Gegensätze hinweg, wir lassen auch einmal fünfe gerade sein, wir denken nicht viel nach, wir *sind* einfach.

Sofern es für uns nicht ausschließlich die Gefühle der Gehobenheit gibt, sind das alles sehr gute Zustände. Denn auch wenn wir immer alle Konflikte bis ins Letzte ausdiskutierten, wären wir doch nicht sicher, dass wir damit die Lösungen auch fänden. Muss man denn eigentlich immer reflektieren, darf man denn nicht ab und zu einfach *sein?*

Ein weiterer häufig vorgebrachter Vorwurf ist der, dass die Emotionen der Gehobenheit die Tendenz hätten, maßlos zu werden. Bei der Euphorie kann man das richtige Maß in der Tat durchaus verlieren. Man wächst dann über sich hinaus, lebt allenfalls auch über seine Verhältnisse. Aber auch die Emotionen der Bedrücktheit haben die Neigung, maßlos zu werden, doch das wird seltener kritisiert. Erlebt man etwa, wie eine Gruppe von Depressiven immer depressiver wird, dann könnte man auch hier von Maßlosigkeit sprechen. Da dies jedoch als irgendwie tragisch angesehen wird, empfindet man es als eine andere Art der Maßlosigkeit als bei der Euphorie, die nicht weniger bedrohlich ist.

Alle diese Einwände sprechen letztlich nicht gegen die gehobenen Emotionen, sondern vielmehr gegen die Unbewusstheit, die auch im Umgang mit gehobenen Emotionen vorherrschen kann. Lasten wir sie jedoch den gehobenen Emotionen als solchen an, dann nehmen wir nicht ernst, dass glückhaftes Erleben auch ein bewusster und schöpferischer Umschlagspunkt im Leben eines Menschen sein kann. Es ist uns aus therapeutischen Prozessen vertraut, dass – halten wir die Angst oder die Verzweiflung aus – am Grund der Verzweiflung die Wendung zu neuer Hoffnung eintreten, ein Durchbruch stattfinden kann, wenn auch nicht notwendigerweise muss. Deshalb werden in der Therapie die Menschen ermuntert, sich ihren Gefühlen, so unangenehm sie auch sein mögen, zu stellen. Aber auch Glück kann den entscheidenden Umschlag im Leben eines Menschen bewirken.

Denken wir zum Beispiel an eine Situation, in der wir sehr verliebt waren. Überlegen wir uns, ob da nicht auch etwas neu geworden ist in unserem Leben. Normalerweise erleben wir uns dann in einem Zustand, in dem wir den alten Adam, die alte Eva für einen Moment abstreifen und alles, was in uns angelegt ist, plötzlich leben können, weil uns jemand entgegenkommt und uns das Gefühl gibt: »Das alles bist du und vielleicht noch mehr. Du bist wunderbar und ganz und gar akzeptiert.«

Das sind Situationen von großem Glück, die in einem Leben wirklich eine Veränderung herbeiführen können. Ich frage mich deshalb, ob wir therapeutisch manchmal weiterkämen, gelänge es uns, eine gewisse Freude zu stimulieren, statt weiter an einem Problem herumzuarbeiten, das wir im Moment nicht lösen können. Freude – so die allgemeine Absicht – ist etwas, das uns geschenkt wird. Wir können Freude nicht machen. Wenn wir jemandem sagen: »Jetzt freue dich doch!«, dann ist das nicht möglich; Freude auf Befehl stellt sich nicht ein. Von unserem Erleben her ist Freude etwas, das uns zufällt. Meine Frage aber dennoch: Gibt es nicht doch Möglichkeiten, Freude zu stimulieren?

Freude ist oft ein Nebenprodukt unserer Bemühungen und Aktivitäten und tritt dann ein, wenn wir sie gar nicht unbedingt erwarten. Freude stellt sich meistens dann ein, wenn wir völlig aufgehen können in einer Aktivität. Damit wir in einer Aktivität aufgehen können, muss diese Tätigkeit uns herausfordern, sodass wir die eigenen Fähigkeiten ausschöpfen können. Das Ganzheitsgefühl, das wir dabei erreichen, wird von Csikszentmihalyi »Flow-Zustand« genannt. Dieser zeichnet sich dadurch aus, dass Handlung auf Handlung folgt, ohne das der Handelnde dabei bewusst eingreifen müsste. Dabei ist kaum eine Trennung zwischen ihm und der Umwelt, zwischen Vergangenheit, Gegenwart, Zukunft zu spüren. Um dieses Ganzheitsgefühl zu erreichen, das ein zentrales Gefühl im kreativen Prozess ist, überlassen sich die Menschen, wie der Autor herausgefunden hat, Tätigkeiten oder Aktivitäten (z. B. dem Tanzen, dem Klettern), die keine direkte äußere Belohnung bringen. Dieses Lebensgefühl selbst ist Belohnung genug. Aus Interviews schließt Csikszentmihalyi, dass Menschen, die etwas mit Freude tun, in einen Flow-Zustand geraten.

Man könnte ergänzend auch von der anderen Seite her argumentieren: Immer wenn wir in unserem Tun vollkommen aufgehen, dann erfüllt uns das mit Freude. Dabei kann es sich um Arbeit oder um Spiel handeln. Es geht um Selbstvergessenheit in großer Selbstgewissheit. Dass wir in einem Tun, einer Aktivität, einem Anblick aufgehen können, scheint eine grundlegende Voraussetzung für alle Situationen zu sein, die Freude auslösen, auch wenn sie von Mensch zu Mensch verschieden sind. Freude an der eigenen Kompetenz, an der eigenen Geschicklichkeit steht in Zusammenhang mit diesem Aufgehen in der Arbeit und im Spiel, steht aber auch in Zusammenhang mit der Freude am Erproben der eigenen Grenzen. Ein wichtiger Bereich, der große Freude auslöst, ist das Erfinden oder das Herausfinden von etwas. Der ganze Bereich der Kreativität ist hier angesprochen.

Ein anderer Bereich, der viel Freude bewirken kann, ist der Bereich der Beziehung, der körperlichen Liebe, der Zärtlichkeit, des geselligen Beisammenseins. Auch das sind Aktivitäten, bei denen die Ich-Grenzen gelockert werden, es sind Situationen des Verschmelzens und der mitmenschlichen Wärme.

In diesem Zusammenhang wird die Freude am Geben-Können oft erwähnt oder die Freude daran, anderen Menschen eine Freude zu machen. Überhaupt scheint die Freude anderer Menschen an uns, unsere Freude an uns selbst sehr zu stimulieren. Freude am Geben-Können ganz allgemein, aber auch Freude am Empfangen von etwas Unverhofftem, sind in Beziehungen Freude auslösend. Die Freude am Geben-Können, wobei Geben und Öffnen der Ich-Grenzen zusammenwirken, kann allerdings auch dazu führen, dass wir in der Freude mehr geben, als wir geben wollen, mehr preisgeben auch, als wir wollen.

Besondere Freude entsteht in Beziehungen, wenn in den Beziehungen und durch die Beziehungen etwas wächst: Ideen, sichtbare Veränderungen im Beziehungsverhalten usw. Damit wird deutlich, dass Freude nicht nur Ausdruck der Stimmigkeit von Person, Umwelt, Mitwelt und Innenwelt ist, sondern dass dazu das Moment des »Mehrens« kommt, des Mehr-Werdens.

Ein anderer großer auslösender Bereich für Freude ist der der sinnlichen Genüsse: Essen, Trinken, Sexualität, aber auch das Wahrnehmen der Natur, das Wahrnehmen der Kunst, das Anschauen von Dingen und Menschen, die uns als schön erscheinen.

Wesentlich scheint mir zu sein, dass wir nicht nur die großen Freuden als Freude wahrnehmen, sondern dass uns bewusst wird, wie viele kleine Freuden wir immer wieder erleben, die vielleicht belanglos wirken und doch nicht belanglos sind: etwa die Freude an dem wunderbaren Duft des Basilikumkrautes – bewusst wahrgenommen. Während wir uns freuen, reflektieren wir nicht über uns – wir freuen uns. Es ist aber wichtig, dass wir uns zunehmend mehr bewusst werden darüber, dass wir uns jetzt gerade für einen Moment gefreut haben.

Csikszentmihalyi hat untersucht, wie der Entzug von kleinen Flow-Erlebnissen im Alltag wirkt, und hat festgestellt: »Wer alles nichtinstrumentelle Verhalten einstellt, fühlt sich müde, schläfrig, weniger gesund und angespannt. … Man beurteilt sich selber unter solchen Bedingungen schlechter und fühlt sich vor allem weniger kreativ und vernünftig.«

Für unsere psychische Ausgeglichenheit scheinen gerade auch die kleinen Freuden, die zweckfreien Tätigkeiten, unsere Nischen des Glücks, die wir uns zu schaffen wissen, wesentlich zu sein.

Euer tägliches Leben

Khalil Gibran

Euer tägliches Leben
ist euer Tempel und eure Religion.
Wenn ihr es betretet,
nehmt alles mit was ihr besitzt.
Bringt den Pflug und die Schmiede,
den Hammer und die Laute,
bringt die Dinge, die ihr geschaffen habt,
sei es aus Notwendigkeit oder Freude.
In euren Träumen könnt ihr weder
höher als eure Leistungen steigen,
noch tiefer fallen als euer Versagen.

Und nehmt alle Menschen mit:
In der Verehrung könnt ihr nicht höher fliegen
als ihre Hoffnungen,
und euch nicht tiefer erniedrigen
als ihre Verzweiflung.

Und wenn ihr Gott kennen lernen wollt,
versucht nicht alle Rätsel zu lösen.
Seht euch lieber um,
und ihr werdet ihn mit euren Kindern
spielen sehen.
Und schaut in den Weltenraum hinaus
und ihr werdet ihn mit den Wolken sehen,
seine ausgestreckten Arme im Blitz
und herabsteigen im Regen.
Ihr werdet ihn in Blumen lächeln sehen,
dann sehen wie er aufsteigt
und mit seinen Händen aus Bäumen winkt.

Hingabe – Die Geburt der Freude

Johannes Pausch

Irgendwann im Leben muss ich von den Vorstellungen lassen und mich dem Leben, den Menschen und Gott selbst hingeben. Diese innere Bewegung selbstloser Absichtslosigkeit führt zu einer Vollendung, die mich berührt und wachsen lässt in eine Weite hinein, die den Himmel auf Erden erahnen lässt.

In der Regel des hl. Benedikt finden wir im Kapitel 33, »Der Cellerar«, ganz konkrete Anweisungen, wie das Amt des Verwalters auszuüben ist. Aber im Kern ist dies viel mehr: Es ist ein Text über die Hingabe als Haltung, die der eigenen Seele und dem anderen gut tut und die der göttlichen Wirklichkeit gerecht wird. Es ist eine Haltung, die jeden angeht.

Das meiste was wir geben und tun, ist geprägt von zweckgerichteter Berechnung und rationaler Begründung. Hingabe aber ist eine Gabe, die nicht auf Dank lauert und sich auch nicht den Lohn für das Gute, das ich gebe, heimlich zurückzahlt – oder doch wenigstens hofft, dass gute Freunde sehen, wie gut das ist, was ich gegeben habe. Etwas zu geben ohne zu nehmen, zu wissen, dass nichts zurückkommt, und darauf zu vertrauen, dass der Verlust ein Gewinn ist, kann der selbstlos Suchende, weil er weiß, dass alles Gute nicht von uns, sondern von Gott kommt.

Hingabe ist die Sorgfalt, mit der wir das Leben berühren. Es ist das aufmerksame Hinhören auf die Bedürfnisse, die Nöte und Sorgen der Menschen auch dann, wenn Lebensvollzüge schwierig und unvernünftig erscheinen. …

Eine solche Haltung betrübt auch dann nicht, wenn sie »nichts« geben kann. Sie ist eine Gabe des freudigen und frohen Herzens, das freilich auch Trauer und Schmerz kennt. Möglich wird sie nur, wenn die eigene Seele, das geistliche Leben, die inneren Regungen geachtet werden. Erst die Erkenntnis der eigenen Stärke und Schwäche lässt Verständnis für andere wachsen, vor allem für Kranke, für Kinder, für Arme, für Suchende.

Mir selbst ist alles geschenkt, das Leben, die Menschen, die Schöpfung, der Himmel und die Erde, das Leid und die Freude – Gott ist mir gegeben. Er selbst ist Hingabe. Ich beginne zu ahnen, dass wirklich alles, was Leben ist, heilig ist. Hingabe ist der Glaube, dass auch die bescheidenste Regung des Herzens, dass jeder unscheinbare Gegenstand, dass alles, was ich mit Händen greifen und mit dem Verstand begreifen kann, mir gegeben ist wie eine heilige Opferschale. Hingabe ist eine Konsequenz dieses Glaubens und heißt: die Menschen und Dinge mit Achtsamkeit zu behandeln, nichts zu vernachlässigen. Ich brauche mich nicht zu ängstigen, dass ich etwas verliere. In der Hingabe bin ich geborgen in einem größeren Ganzen, im Willen Gottes. Das lässt auch das richtige Maß im Geben und im Nehmen finden.

Demut ist die Mutter der Hingabe: eine Haltung, die mit beiden Füßen auf dem Boden steht und sich zum Himmel aufrichtet, eingespannt in das Leben, um sich diesem hinzugeben. Der in diesem Sinn aufrechte Mensch kann sich verneigen und seine Zuneigung dem Größeren ebenso wie dem Kleineren zeigen, in Ehrfurcht und mit Liebe. Nicht nur die Verneigung ist eine Form der Zuneigung; sie kann in vielen Haltungen Ausdruck finden, etwa dann, wenn ich nichts anderes zu geben habe als einen freundlichen Blick, ein gutes Wort oder das hilflose und doch so wichtige Gebet und das gute Denken für jemanden, der sich mir anvertraut und dem ich nichts anderes geben kann als die absichtslose Freundlichkeit eines guten Wortes – nicht um ihn mit ein paar Worten abzuspeisen, sondern in dem Wissen, dass auch mir selbst das Wort des Lebens geschenkt wird, aus dem ich lebe.

Hingabe ist etwas ganz Alltägliches. Sie ist lebendig in jeder Mutter, jedem Vater, an jedem Arbeitsplatz, sie ist lebendig dort, wo ich gerade bin. Am meisten berühren mich Kinder, die mit Hingabe spielen. Sie vergessen sich ganz, sind ganz im Spiel. Manchmal gelingt mir das auch, wenn ich singe. Wenn ich einfach der Melodie meines Herzens lausche und sie zum Klingen bringe. Wenn ich entdecke, dass durch meine Hingabe an das Leben, durch meinen Gesang, durch mein Wort, durch mein Tun und Denken Verwandlung geschieht, die mein eigenes Herz weitet, und wenn ich dabei spüre, dass ich der Beschenkte bin.

Hingebungsvoll leben: Das ist die Erfahrung, dass wir das Leben miteinander teilen, wie einen Gesang. Wenn ich das Essen teile, ein aufmerksames Gespräch führe oder im Schweigen, nicht nur in mich versunken, sondern eingewoben in die große Schöpfungsdynamik schaue, lausche, dann ahne ich, dass meine Hingabe selbst ein Geschenk ist, das aus der Hingabe Gottes an die Menschen kommt. Gott ist Hingabe. Er handelt nicht von oben herab. Er beschämt nicht. Er lässt nicht warten. Er ist gegenwärtig. Wenn ich im Wissen darum im gegenwärtigen Augenblick lebe und mich dem Leben hingebe, dann wächst in mir die Freude. Die Seele ist im Frieden, auch wenn ich scheinbar alles verliere. Der Verlust wird zum Gewinn. Geben und Nehmen werden eins. Freude ist das Geschenk.

Dann vollendet sich unsere Hingabe in der Hingabe Gottes an die Welt und an die Menschen.

Freude als Weg

Luise Reddemann

Lassen Sie sich das ruhig einmal auf der Zunge zergehen. Können Sie sich darunter etwas vorstellen?

Das heißt schlicht ausgedrückt, dass wir immer dann, wenn wir in der Freude sind, eine Dimension berühren, in der wir frei, leicht und selbstverständlich liebend sind, ohne dass es uns auch nur die geringste Mühe kostet.

Freude als Weg bedeutet, dass wir uns die kleinen Freuden des Alltags, die kleinen Glücksmomente, bewusst machen. Können Sie sich über die ersten Sonnenstrahlen nach grauen Tagen freuen? Freut es Sie, wenn Sie jemand anlächelt? Empfinden Sie Freude, wenn Ihnen etwas gelingt? Zum Beispiel eine E-Mail verschicken, wenn Sie das vorher nie getan haben? Empfinden Sie Leichtigkeit, wenn Sie eine Weile spazieren gegangen sind? Macht es Sie froh, etwas Schönes zu entdecken? Dies und noch viel mehr sind kleine Alltagsfreuden, zu denen alle Menschen fähig sind, und sei es nur für Sekunden.

Es wird Sommer.
Die Sonne scheint für dich –
deinethalben,
und wenn sie müde wird,
fängt der Mond an,
und dann werden die Sterne angezündet.

Lerne von der Lilie
und lerne vom Vogel,
deinen Lehrern:
Zu sein heißt: für heute da sein.

Das ist Freude.
Lilie und Vogel
sind unsere Lehrer der Freude.

Diese zauberhaften Sätze stammen von einem Mann, von dem ich sie nicht erwartet hätte: Søren Kierkegaard. Er gilt ja eher als Pessimist und Melancholiker.

Nun habe ich eine *große Aufgabe* für Sie, weil sie Sie die ganze Zeit begleiten soll:

Bitte legen Sie sich ein *Freudetagebuch* zu. Kaufen Sie sich dafür bitte ein hübsches Büchlein oder Heft und tragen Sie jeden Abend die Freuden des vergangenen Tages ein.

»Und auch das unglücklichste Leben hat seine Sonnenstunden und seine kleinen Glücksblumen zwischen dem Sand und Gestein.«
Hermann Hesse

Es geht darum, dass Sie die kleinen Blumen im Geröll und Sand entdecken lernen. Ein Lächeln eines Babys, ein Satz, der ihre Augen leuchten ließ, die ersten Blumen im Frühjahr. …

Tragen Sie bitte alles in Ihr Büchlein ein. Alles ist wichtig genug, dass Sie es festhalten. Sie können auch Sie erfreuende Fotos einkleben. Bilder von Menschen, die Sie lieben, oder schönen Naturfotografien. Auch Gedichte, hilfreiche Sätze, Gebete können Sie in Ihr Freudetagebuch schreiben. Ich habe dieses Freudetagebuch schon sehr vielen Menschen empfohlen. Erfahren davon habe ich von Verena Kast, die eine Freudenbiographie empfiehlt, und von Varda Hasselmann, die wunderschöne, liebevolle

Botschaften in ihren Seminaren weitergibt. Eine davon ist die des Freudetagebuchs.

Warum kein allgemeines Tagebuch?

Weil Sie dann auch die belastenden Dinge hineinschreiben und jedes Mal, wenn Sie sich Ihre Freuden ins Gedächtnis rufen wollen, über die Belastungen stolpern.

Daher ist es günstiger, Sie haben zwei verschiedene Tagebücher. Das Freudetagebuch wird mehr und mehr zu einer Kraftquelle werden. Und wieder wird sich bestätigen, was ich Ihnen schon gesagt habe: Sie können schon alles. Sie lernen nicht von mir, sich zu freuen. Sie können es. Meine Anstrengung ist nur: Bitte notieren Sie sich, wenn Sie sich freuen, damit Sie *merken,* dass Sie es können und daraus nach und nach, einfach weil Sie es merken, immer mehr wird. Das ist – wenigstens für mich – auch eine Freude: Dass wir durch mehr Aufmerksamkeit das Angenehme in unserem Leben wachsen lassen können. Es ist wie ein sanfter Regen, der auf Ihre Blumen fällt, so dass noch mehr erblühen können. Nach und nach wird Ihr Freudetagebuch zu einer Schatztruhe.

Ich komm, weiß nit woher,
ich bin und weiß nit wer,
ich leb, weiß nit wie lang,
ich sterb und weiß nit wann,
ich fahr, weiß nit wohin;
mich wundert's,
dass ich fröhlich bin.
Hans Thoma

Quellenverzeichnis

Gernot Candolini, Die Stimme des Herzens, aus: ders., Im Labyrinth sich selbst entdecken, Herder 2001

Michael Cöllen, Miteinander leben – voneinander lernen, aus: ders., Das Verzeihen in der Liebe, Kreuz, Freiburg 2009

Karlfried Graf Dürckheim, Inmitten der Not, aus: ders., Vom doppelten Ursprung des Menschen, Herder, Freiburg 1997

Gerhard Engelsberger, Innenräume, aus: ders., Stille heilt, Kreuz, Stuttgart 1999

Siegfried Eckert, Segen für Waisenkinder, aus: ders., Gott in den Ohren liegen, Kreuz 2008

Kathy Galloway, Hoffnung in einer hoffnungslosen Welt, Hartlieb/Quarch (Hg), Eine Mystik – viele Stimmen, Herder, Freiburg 2004

Paul Gerhardt, Befiehl du deine Wege, aus. Evangelisches Kirchengesangbuch Nr. 361

Khalil Gibran, Euer tägliches Leben, aus: ders., Der Prophet, Herder, Freiburg 2002

Anselm Grün, Entscheidung zur Hoffnung, aus: ders., Kleines Buch der Sehnsucht, Herder, Freiburg 2009

Ders., Die eigene Freude wiederfinden, aus: ders., Die eigene Freude wiederfinden, Kreuz, Stuttgart 1998/Herder, Freiburg 2009

Ders., Was spricht für die Hoffnung?, aus: ders., Buch der Antworten, Herder, Freiburg Jahr

Bert Hellinger, Geführt, aus: ders., Natürliche Mystik, Kreuz 2008

Hans Jellouschek, Liebe: Vom Mut zur Entscheidung, aus: ders., Die Kunst, als Paar zu leben, Kreuz, Stuttgart 2005

Margot Käßmann, Neues wachsen lassen, aus: dies., In der Mitte des Lebens, Herder, Freiburg 2009

Verena Kast, Hoffnung, die Geborgenheit gibt, aus: dies., Aufbrechen und Vertrauen finden, Herder, Freiburg 2001

Dies., Sisyphosarbeit, aus: dies., Glückskinder, Kreuz, Stuttgart 1993

Dies., Freude, Inspiration, Hoffnung, aus: dies., Mit Leidenschaft für ein gelingendes Leben, Kreuz, Stuttgart 2008

Manfred Kock, Warum ein Leben voller Bitterkeit und Mühen?, aus: Margot Käßmann (Hg), Glauben nach Ground Zero, Kreuz 2003

Hans Küng, Vertrauen, aus: Rudolf Walter (Hg), Mit einem weiten Herzen, Herder, Freiburg 2005

Johannes Pausch, Hingabe, aus: Rudolf Walter (Hg), Mit einem weiten Herzen, Herder, Freiburg 2005

Nossrat Peseschkian, Eine Geschichte auf dem Weg, aus: ders., Glaube an Gott und binde dein Kamel fest, Kreuz 2008

Psalm 23 und Psalm 91, aus: Die Bibel. Vollständige deutsche Ausgabe, Herder, Freiburg 2005

Luise Reddemann, Freude als Weg, aus: dies., Eine Reise von tausend Meilen beginnt mit dem ersten Schritt, Herder, Freiburg 2005

Monika Renz, Spiritualität macht frei, aus: dies, Grenzerfahrung Gott, Kreuz, Freiburg 2010

Ingrid Riedel, Mut zur Angst *und* Die Kunst, abhängig zu sein, aus: dies, Die Welt von innen sehen, Kreuz, Stuttgart 2007

Richard Rohr, Die Dunkelheit ist auch ein heiliger Ort, aus: ders., Hoffnung und Achtsamkeit, Herder, Freiburg 2001

Wolfgang Schmidbauer, Hoffen, aus: Rudolf Walter (Hg), Mit einem weiten Herzen, Herder, Freiburg 2005

Katharina Schridde, Nacht – Anfang des Neuen *und* Nicht aufhören, aus: dies. Alltag und Fest, Herder, Freiburg 2010

Heinrich Seuse, Geht aber der helle Morgenstern auf, aus: Dt. mystische Schriften, Düsseldorf 1986

Dorothee Sölle, Zur Hoffnung geschaffen, aus: dies., lieben und arbeiten, Kreuz, Stuttgart 2007

Petra Stadtfeld, Alles darf sein, © bei der Autorin

Fulbert Steffensky, Das Leben wählen …, aus: Sölle/ders., Wider den Luxus der Hoffnungslosigkeit, Herder, Freiburg 1995

David Steindl-Rast, Das Leben ist verlässlich *und* Offenheit für Überraschung, aus: ders., Fülle und Nichts, Herder, Freiburg 1999/2005

Thomas Weiß, Sei der Grund, aus: ders., Hörst du mein Schweigen?, Herder, Freiburg 2008

Jörg Zink, Mit mir selbst im Frieden, aus: ders., In dir sein, Gott, ist alles, Kreuz, Freiburg 2009